主 编 单 波　　　　副主编 肖 珺 张毓强
Chief Editor: Bo Shan　　Deputy Chief Editors: Jun Xiao, Yuqiang Zhang

编委会（按姓氏字母排序）Editorial Board (alphabetize by last name)

Jens Allwood，瑞典哥德堡大学
Jens Allwood, University of Gothenburg, Sweden

安 然，华南理工大学
Ran An, South University of Technology

白 贵，河北大学
Gui Bai, Hebei University

陈国明，美国罗德岛大学
Guo-Ming Chen, University of Rhode Island, USA

Clifford G. Christians，美国伊利诺伊大学香槟分校
Clifford G. Christians, University of Illinois-Urbana-Champaign, USA

顾力行，上海外国语大学
Steve J. Kulich, Shanghai International Studies University

Hugues Hotier，法国米歇尔·德·蒙田－波尔多第三大学
Hugues Hotier, Université Michel de Montaigne-Bordeaux 3, France

Wendy Leeds-Hurwitz，美国跨文化对话中心
Wendy Leeds-Hurwitz, Center for Intercultural Dialogue, USA

David Marshall，澳大利亚迪肯大学
David Marshall, Deakin University, Australia

史安斌，清华大学
Anbin Shi, Tsinghua University

孙有中，北京外国语大学
Youzhong Sun, Beijing Foreign Studies University

编 辑（按姓氏字母排序）Editor Staff (alphabetize by last name)

甘丽华，华中师范大学
Lihua Gan, Central China Normal University

何清新，广西艺术学院
Qingxin He, Guangxi Art University

贾 煜，武汉大学
Yu Jia, Wuhan University

唐佳梅，广东外语外贸大学
Jiamei Tang, Guangdong University of Foreign Studies

肖劲草，武汉大学
Jincao Xiao, Wuhan University

辛 静，华中师范大学
Jing Xin, Central China Normal University

张春雨，武汉大学
Chunyu Zhang, Wuhan University

郑一卉，北京外国语大学
Yihui Zheng, Beijing Foreign Studies University

联合出版方 Co-Publishers

武汉大学媒体发展研究中心（教育部人文社会科学重点研究基地）
Center for Studies of Media Development in Wuhan University,
Key Research Institute of Humanity and Social Sciences, Ministry of Education, P.R.C.

中国传媒大学出版社
Communication University of China Press

武汉大学跨文化传播研究中心
Research Center for Intercultural Communication, Wuhan University

跨文化传播研究

第三辑

Intercultural Communication Studies

单波 主编

中国传媒大学出版社
·北京·

序

跨文化理解的可能性

◇ 单 波

人类深知理解的不确定性，尤其是人与人之间理解的不确定性，由此保持了对理解问题的敏感性，也让"理解"的烦恼如影随形。一般说来，这种敏感性的强弱与社会是否开放呈现某种相关性。当社会处于封闭状态时，同一性会使人们失去相互理解的需要，而当社会越来越开放，多元性则会使人们关注群体间交流情境下理解的可能性。

在我的记忆中，正是改革开放唤醒了中国人的理解需要，也使中国人有了"理解"的烦恼，其中有两次比较大的烦恼值得回味。一次是20世纪80年代的流行语"理解万岁"释放出中国人强烈的理解需求。那时，社会开放唤醒了中国人的主体意识，而时代交替与社会分化使得观念碰撞加剧，各种隔膜随着社会生活的巨变而加深，主体间很难达成"一致意见"或"共同解释"，群体间亦无法超越偏见或刻板印象而达成理解。当人与人之间的理解变得越来越不确定时,"理解万岁"便成为一句口头禅,透出一种"无处与人说理解"的自嘲,而恰好是这种"自嘲"泄露了心灵深处对理解的渴望。另外一次是在 2006 年,《读书》杂志发表了德国汉学家顾彬(Wolfgang Kubin)撰写的《只有中国人理解中国?》,其中的一个观点对中国人极具冲击力:"只有别人能理解我,只有非中国人能够理解中国;相反,只有中国人不理解中国。"细读下来,作者不过是要表达德国式的解释学立场:"以自我为参照,我是不可能理解我自己的,我只能参照不同的东西";"只有借助于知道我确实不是什么的那个东西,我才能确定我潜在地可能是什么"。① 表面上看,中国人对接上这一思路并不难,因为中国人喜欢在关系中安放自我,这个自我偏向于保持个体间的相互依存,喜谈"以人为鉴,可以知得失",更多地表现出以他人为参照的社会动机,也被心理学家称之为"依存自我"。但这个自我又深深地嵌入民族文化心灵的关系与面子需要,追求与他者在关系意义上的合适且得体的理解,厌恶偏见,强调"正解"。因此,尽管顾彬事先声明自己是带着"西方文化的前理解"的对话者,在解释学意义上把"理解"看成"误解的对话没有终止的过程",但中国人的自我意识很难接上"误解的对话",一些人还会因为"误解的对话"唤起"中西文化间不平等的权力关系"的记忆,以致陷入对话的焦虑。

在很大程度上,我们习惯性地把所谓理解的烦恼归因于偏见和误解,以为把它们丢进"垃圾箱",即可解除烦恼。然而,现有的研究表明,关于偏见是一种"精神变态"反应、偏见乃病态人格的非正常表现之类的观点被丢进了历史的"垃圾箱"。心理学家奥尔波特(Gordon W. Allport)早就在《偏见的本质》一书中说明,偏见不过是人们认知机制正常运作所产生的附加物。这是一种无法避免的自然趋势,是人类趋利避害的产物,也是选择以降低不

---

① 顾彬.只有中国人理解中国?[J].读书,2006(7):14-22.

确定性和复杂性的方式接受世界的产物,即人类的思想必须借助分类来思考,"分类一旦形成,便会成为寻常偏见的基础,我们无法回避这一过程,有秩序的生活取决于它"[①]。趋利避害的结果就是在同质化的社会里寻找舒适感,以相同的方式看待彼此,免除偏见带来的烦恼。可是,那样的生活取消了个性化、差异化,恰好是不正常的,甚至是恐怖的。于是,人们还是得亲近个性化、差异化的生活,而这就难免差异地看待彼此,不得不与偏见同行。在这个意义上,跨文化理解是偏见相互碰撞、排斥的动态建构。同样,不同文化群体的人相遇所产生的文化间意义上的相互认知与解释,也与"误解"相伴,因为他们各自带着自己的"文化前见",只能产生不同的理解,形成"误解的对话"和"偏见的批评"。实际上,任何理解都是有距离的,对话双方不能超越文化距离,自然也难以超越误解和偏见。他们维持交流的方式只能是走向"视界融合",即两个主体的视界相互靠近,交织融合,彼此经由对方重新发现自身,建构丰富多样的意义。

由此看来,偏见和误解也是社会距离和文化距离的反映,是理解者自身历史性的体现。在宽容的情境下,我们可以通过偏见和误解看见他者,也看见自我,还可以顺着偏见和误解的指引,反思自我的认知机制,从这个意义上讲,一定的偏见和误解也为跨文化理解提供了条件。但任由偏见和误解扩展,则意味着我们恋上没有反思的、失去目标的生活,失去了跨文化理解的可能性。

在反思自我的认知机制的过程中,跨文化理解的可能性也呈现在我们面前。自20世纪50年代以来,人们一直关注偏见背后的社会范畴化和对内外群体的分类认知过程,认为长期的范畴化导致人们对社会类别的看法

---

① ALLPORT G W. The nature of prejudice reading[M]. Combridge: Addison-Wesley Publishing Company, 1954:20.

固定且难以改变，原有的范畴成为认知的标准，不符合旧范畴的群体则可能被当作"他者"遭到区别对待乃至隔离。这样的反思导引出相应的干预手段，诸如进行归因训练，改善错误的刻板印象，制定行之有效的社会规范，增加群体间平等友好的接触，群体间建立共同目标实现合作，接触外群体的行为榜样，自我有意识调节或控制内隐偏见等。从某种意义上讲，一个人只有走出内群体，走出自身的历史，才能创造跨文化理解的契机：与不同文化群体的人相遇，体会各自文化中的社会范畴化及其分类认知所造成的理解的"鸿沟"，通过积极的群体间接触寻找去范畴化的突破口。积极的群体间接触不是为了更好地验证自己的"范畴化"，勾勒出"他们"的群像，而是搁置自己的"范畴化"，将"他们"变成一个个生动的人。人们依据对外群体的预判认知该群体，又在交往中不断修正对彼此的认知，克服纯粹主观的局限，从而在"去范畴化"的过程中与他者的"视界"融合，获得更多的理解。

然而，"去范畴化"实在不易。按照德国哲学家伽达默尔（Hans-Georg Gadamer）的说法，理解是指两个主体"对某事取得一致意见"，双方经由对话而改变，"不再会重新回到引起对话的不一致状态，而是达到了共同性，这种共同性是如此地共同，以致它不再是我的意见或你的意见，而是对世界的共同解释"①。这种通过对话产生"共同解释"的过程，在群体内部就是不断再生产"范畴化"的过程。在群体之间，双方经过对话发生改变后，依然会进入"再范畴化"的过程，以达成某种"共同性"。因此，对于一般人而言，很难相信理解的本质不是追求"更好的理解"，而是产生"不同的理解"，更愿意通过"共同解释"建构文化群体认同。在这里，一种排他性的认同阻止了跨文化理解，使人们以正确的名义保护"我们"的认同，并通过建构二元对立关系来保护"我们"的认同。就像归因理论所揭示的那样，人们受保护群体认同需

---

① 伽达默尔.诠释学 II：真理与方法[M].洪汉鼎，译.北京：商务印书馆，2010：235，414.

要的驱动,倾向于把外群体成员的正面行为和内群体成员的消极行为解释为条件性原因(外在的、偶然性)所导致的,而将内群体成员的正面行为和外群体的消极行为解释为意愿性原因(内在的、稳定性)所引发的。① 这种归因偏好的后果就是使自我异化于人类的沟通与理解,落入彼此隔膜、相互排斥的世界里。

当这种反思足以让我们触摸到隔膜与排斥的世界,我们就有可能顾念人类沟通的"初心"。其中一个通行的反思支点是人类语言的起源,从那里我们可以发现,在发明语言的过程中,与他人一同参与有共享意图的行动,显示了人类理解的合作动机与共同基础,即制造共同意图和共同关注的认知技能以及协助与分享的社会动机。② 这就是人类沟通的共同基础,它使超越以自我为中心的观点看事情成为可能。在中国与欧洲思想之间游走的法国汉学家朱利安(Francois Jullien)深谙此理,他发现两个主体之间的文化距离能使理解主体发出"惊叹",进而反思自身,意识到自己文化中的一些自明之理和"未思"之处,在不断进入他者、返回自身的往复交流中建构互惠性理解,以此通向更宽广的理解视域。③ 这就是说,距离不是理解的障碍,相反,距离创造理解,拓展理解的视域。

在这个全球化时代,传统的社会距离、文化距离不再是理解的主要烦恼,真正威胁人类理解的是,时空压缩所形成的同质化力量不断消解文化的多样性与历史性,消灭"他者";同时,各种硬权力与软权力造成分割的政治空间,不断腐蚀人类的同情心与同理心。人们既有可能被植入"理解",又有可能失去理解的共同基础,进而失去理解的自由。要拯救人类的理解,唯有

---

① PETTIGREW T F. The ultimate attribution error:extending Allport cognitive analysis of prejudice[J]. Personality and social psychology bulletin,1979,5(4):461-476.
② 托马塞洛.人类沟通的起源[M].蔡雅菁,译.北京:商务印书馆,2019:54.
③ 朱利安.进入思想之门:思维的多元性[M].卓立,译.北京:北京大学出版社,2014:2.

重建文化多元主义与多元共生的基础，创造基于多元生态的互惠性理解，既互为他者又保持人类本性，既尊重差异又寻找互补性，在互动中进行文化观念的互相印证，在多样性关系情境之中建构人与万物共生的传播空间，在这个"自然的"传播空间里，基于生活事实与文化的动态发展推动对话式理解。

目 录
CONTENTS

前沿访谈

数字时代的跨文化传播研究:重返经典与重构体系

——罗伯特·舒特(Robert Shuter)访谈录　　　　常　江　李思雪 / 3

全球媒介伦理的多重对话与多重实现

——斯蒂芬·沃德(Stephen J. A. Ward)访谈录　　　　单　波 / 17

新问题与新视角

平台世界主义视域下跨文化传播理论和实践的升维　　史安斌　童　桐 / 31

跨文化传播的平台化转向:一种技术的政治经济学视角　　　　姬德强 / 51

互联网社区中的易受骗社群:虚假信息与认知失调

〔法〕于格·欧梯也/著　胡滟滟/译　张春雨/校 / 66

理论评析

康德与跨文化交流的哲学基础 　　　　　　　　　　　　　杨云飞 / 83

间距与之间：中西文化间传播的研究进路探讨 　　　　　　林升栋 / 102

跨文化路径

跨文化传播的实践与思考
　　——基于对"走出去"中资企业的在地考察 　　　　　　程曼丽 / 119

"一带一路"背景下中国跨国企业的品牌本土化策略研究：基于跨文化的视角

　　　　　　　　　　　　　　　　　　　　　贾　煜　汪　涛　吕佳豫 / 135

BBC"蛋炒饭"的反应视频研究 　　　　　　　　　　方　俊　张　磊 / 161

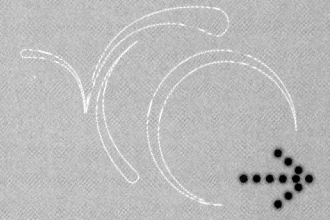

前沿访谈

数字时代的跨文化传播研究：
重返经典与重构体系*
——罗伯特·舒特（Robert Shuter）访谈录

◇ 常　江　李思雪**

摘　要　跨文化传播理论体系需要对数字技术革命带来的种种新状况做出回应。本文通过对罗伯特·舒特的访谈，探讨其提出的"跨文化新媒体研究"（INMS）范式在理论意图和研究实践层面的意涵。在舒特看来，"跨文化新媒体研究"给包括文化身份认同、跨文化对话、第三种文化、文化适应在内的一系列经典理论带来了新的发展。数字时代的跨文化传播研究应当摒弃对技术的工具化理解，深入到具体的文化情境之中，对技术所塑造的新的文化关系重新进行理论化。跨文化传播学科应该借助数字技术所带来的新的发展契机，全面革新自身的研究和教学体系。

关键词　数字媒体；跨文化传播；跨文化新媒体研究；罗伯特·舒特

---

*　本文系广东省普通高校创新团队项目"深圳大学数字媒体文化实验室"的建设成果。
**　常江，深圳大学传播学院教授；李思雪，清华大学新闻与传播学院博士生。

Intercultural Communication Research in the Digital Age: Reflection and Reconstruction

Interview with Robert Shuter

Abstract The theoretical framework of intercultural communication needs to respond to the various new conditions brought about by the digital technology revolution. Through an interview with Robert Shuter, a leading expert of intercultural communication, this article explores the implications of the "Intercultural New Media Studies" (INMS) paradigm proposed by him in terms of theoretical intention and inquiring practices. In Shuter's view, INMS has brought new development to a series of classic theories including cultural identity, cross-cultural dialogue, third culture, and acculturation. Intercultural communication research in the digital age should abandon the instrumentalist understanding of technology, and must go deep into the specific cultural context to retheorize the new cultural relationships shaped by technology. The intercultural communication discipline should make full use of the new development opportunities brought by digital technology to comprehensively innovate its own research and pedagogical systems.

Keywords digital media, intercultural communication, INMS, Robert Shuter

罗伯特·舒特

罗伯特·舒特的学术思想简介

罗伯特·舒特生于 1946 年,是美国知名传播学学者,现为美国马凯特大学(Marquette University)迪德里希传播学院(Diederich College of Communication)的荣休教授——他已在此任教 41 年,其中的 29 年主理该校的传播学系。舒特在西北大学获得硕士和博士学位。

舒特是负有盛名的跨文化传播(intercultural communication)学者。在 20 世纪 70—80 年代,他即以深入研究非语言传播及其文化影响而成名,在不同文化中的人际距离、触知性与手势功能等研究领域取得了突破性的成就。其代表作《拉丁美洲的人际距离与触知性》(*Proxemics and Tactility in Latin America*,1976)发表于《非语言传播》(*Nonverbal Communication*),是他长期在拉美各地进行田野研究的成果。1990 年,舒特在《南方传播学刊》(Southern Communication Journal)发表《文化的中心性》(The Centrality of Culture)一文,系统阐释了"文化内传播"(intracultural communication)的概念。他认为,相较于跨文化传播,文化内传播的思维更有助于我们理解某一特定国家的地方性传播模式。此外,他也提出用"协同文化"(co-culture)取代"亚文化"(subculture)的主张,以促使理论界将不同文化群体之间视为平等协作的关系。他在这一时期还发展出一套有关跨国组织传播的理论框架,如《国际市场》(The International Marketplace,1989)一文即广泛探究了国族文化和协同文化如何影响内部与外部的组织传播机制。

2000年之后,舒特开创性地提出,传播学应发展新的分支学科——"跨文化新媒体研究"(Intercultural New Media Studies,简称INMS),着重探索新媒体技术如何影响跨文化传播的机制、动力和效果。他在一系列文章中系统阐释了跨文化新媒体研究如何完善并拓展了20世纪的跨文化传播理论,并考察了这些理论在数字世界里的存在方式。在他看来,跨文化新媒体研究包括如下几个范畴:第一,文化对于使用新媒体进行社会交往行为的影响;第二,新媒体如何改变文化;第三,新媒体如何影响现存的跨文化传播理论。为了推广跨文化新媒体研究,舒特于2011年建立了独立的跨文化新媒体研究中心(Centre for Intercultural New Media Research)。

舒特长期致力于跨文化传播领域的研究,其理论贡献处于跨文化研究与传播学的交叉地带,根植于全球化实践的进程与变化,通过考察传播实践与效果数据,分析传播与文化之间相互影响的机制,进而促进跨文化传播中种族与族群的多样性。在过去十年中,他更是极力主张将新媒体技术的使用纳入跨文化传播理论的视野之内,深入探究媒介技术的革新给跨文化传播效果带来的影响,并不断发展适用于虚拟社区(virtual communities)的研究视角与理论框架。本文即以舒特构建的 INMS 概念框架为切入口，深入探讨跨文化传播理论在数字时代的发展潜能和创新路径。

一、什么是跨文化新媒体研究(INMS)

常江：在过去十余年间，您一直致力于发展"跨文化新媒体研究"，并视其为传播学的一个新的分支学科。您能对 INMS 做一个简单的界定吗？

罗伯特·舒特：对于这个问题，我是大约在 10 年左右的时间里，通过一系列论文逐步阐释的，而我的观点目前也仍在不断更新之中。首先，一个基本的判断是，新媒体和跨文化传播理论之间的关系是 INMS 的内核，所以 INMS 天然具有交叉性。INMS 的首要研究议题，就是信息通讯技术（ICTs）如何影响跨文化传播的过程和理论，这种传播过程存在于拥有不同文化背景的人之间。

常江：如果说我们只是探讨技术，即一个变量，对既有的传播过程的影响，那么为什么可以认为 INMS 是一个新的领域甚至学科，而不仅仅是一个具体的研究问题呢？

罗伯特·舒特：这个问题很关键。我的答案是：新的传播和通讯技术绝不仅仅是一个新的变量，而是一种新的传播规则得以出现的根源。在"前数字时代"，我们划分不同文化的主要依据通常是一些天然形成的文化界限，比如以国家为单位的国族文化，或其他类型的、可被我们观察到的协同文化（co-culture），比如民族或种族的文化。但是当互联网将整个世界联结在一起时，新的文化关系得以形成，包括地理政治边界内外的文化，也包括由于移民、流散（diaspora）和因数字时代的时空重新分配而发展出来的跨国杂合文化（hybridized culture）。所以说，INMS 要面对的研究对象，就是我们应该如何对跨文化传播过程实现全新意义上的理解,去确立新的数字跨文化传播理论,或完善、扩展现存的跨文化传播理论。相应地,跨文化传播的一系列经典理论,如文化适应(acculturation)、第三种文化(the third culture)、跨文化能力(intercultural competence)、高/低语境传播、协同文化传播、文化身份认同、跨文化对话、文化冲击/压力、刻板印象、民族优越感、种族主义、跨文化自觉、跨文化冲突、言语符码(speech code)以及跨文化关系等,都要面临不同程度的更新。尽管有关新媒体对诸多跨文化领域之影响的数据十分有限,但是现有的研究已经表明新媒体在跨文化接触的频繁程度中扮演了至关重要的角色。可以想见,它对20世纪的跨文化传播理论进行了升级。

常江:在跨文化传播的一系列经典理论中,您将文化身份认同(cultural identity)理论视为INMS的核心理论之一,原因何在?

罗伯特·舒特:新媒体对传播过程产生的最基本的影响,就是令身份认同的问题变得比以往更加复杂,而这又是新的跨文化传播理论得以出现的起点。经典理论认为,文化身份认同来源于社会群体中的成员身份,群体内部成员的身份认同则会影响社会群体之间的沟通,因此文化身份是群体成员共同创造与相互协商的成果。这种关于文化身份认同的观念根植于20世纪有关自我与他人之间关系起源的假设,这种假设认为,文化身份认同基于固定空间与时间内的群体沟通机制,而各种文化身份在符号和行为层面上是可辨识的。这些身份由于社会语境的不同而呈现显著区别。然而,在沟通不间断的新媒体时代,"固定空间与时间"不复存在,个体与数量庞大的他人共同生活在虚拟时空之中,这就是我们应该对这个概念进行重新理论化的原因。

常江:您似乎格外关注虚拟社区(virtual communities)的出现对文化身份认同的影响。

罗伯特·舒特:的确如此,我认为这是一个很值得关注的现象。虚拟社区的出现对先存的文化身份认同构成了挑战。这些社区既体现出一系列新的特征,又在总体上延续了宏观社会结构中的不对称的权力关系,使得西方文化即便在网络空间里也占据明显的权力优势。虚拟社区远不是文化中立的,因此,它或许会塑造出新的文化身份认同。尽管基于虚拟社区的文化身份认同可能不是杂合结构的,但一种杂合的文化身份认同完全有可能在虚拟社区的"感召"之下出现。虚拟社区由多元的人群和文化元素构成,它们相互毗邻、彼此交叠,伊安·克洛西尔(Ian Clothier)称之为"杂合虚拟文化"。根据克洛西尔的论述,在理论上,杂合虚拟文化及其参与者的杂合身份认同应该反对权威和文化霸权;然而,由于网络空间在许多重要方面都由西方主导——语言上使用英语,符号上借用无孔不入的西方标识,物质上依存于西方生产的硬件和软件,所以,在由毫不相干、毫无关联的个体所组成的虚拟社区里,尚不明确杂合文化身份认同是否可行,以及共同创造与协商身份认同是否会真实发生。

常江:看来在新技术会促进新的文化身份的形成这个问题上,您是不乐观的。

罗伯特·舒特:我觉得无所谓乐观与否,关键是尊重事实。事实上,我的判断也是基于一些已有的经验研究。虚拟社区毕竟仍然是社区,它大体上仍然由文化同质的成员所组成,这些社区在实际上也出现了支持和强化先存文化认同的现象。例如,莉莎·霍普金斯(Liza Hopkins)经研究发现,年轻的澳大利亚籍土耳其裔穆斯林,即在澳大利亚的反穆斯林情绪中被边缘化的这些人,成功地利用新媒体与世界范围内的其他穆斯林人群建立了情感联系,从而强化而非弱化了原本的身份认同和信仰。大卫·吴(David Oh)的研究也显示,二代美籍韩裔移民中的青少年利用跨国的韩国社交媒体增强了其民族内部的联系,并且强化了自身的韩裔身份认同。大体上,针对数字流散(digital diaspora)的大量研究表明,比起培育新的身份,数字技术更多是固化、延续了原本的身份——当然,也会有一些新的文化元素参与进来,但主体仍然是原有的身份。此外,在美国这样一个内部文化相当异质性的国家,也有证据表明不同民族和种族群体正在以高度精细化的方式利用社交媒体加固其原有的文化身份认同。比如,我们可以很容易地观察到非裔、拉丁裔、印第安人和越南裔美国人是如何通过自豪且明确地宣称其文化根源的方式搭建他们的脸谱网(Facebook)账号并且建构一种叙事的。因此,早期互联网研究的结论是站不住脚的。研究者不假思索地认为网络空间在文化和种族上是中立的,虚拟社区则是文化身份认同和阶级差异都被最小化的数字乌托邦。如今看来,情况可能是相反的。

常江:那么,我们应该如何在INMS的框架内对文化身份认同进行理论化呢?

罗伯特·舒特:首先,必须要把机制搞清楚。文化身份认同究竟是如何在虚拟社区内被建构的?这一点直到今天都尚不明确。显然,虚拟社区中的文化身份认同并不必然是共同创造或者经过协商的。协商和共同创造需要各方处在某种程度的平等地位上;而由于信息技术——硬件、软件、网页设计和社交媒体——显而易见的西方偏向,这一点在虚拟社区里可能无法实现。甚至,很多虚拟社区其实根本就是"伪社区"——我们能够将情感机制含混不明、成员又在很大程度上相互匿名的人群称为"社区"吗?这是需要推敲的,而这些却是共同创造和协商所必需的。其次,虚拟社区和传统有机社区中维系文化身份认同的动力可能不一样,因此我们需要新的文化身份理论,而不是简单沿用旧的理论。现在的情况似乎是,相较传统社区,人们在虚拟社区中有更多差异化的方式展现与强化他们的文化身份认同,而网络空间也可以通过独特且强大的方式赋权于无社会归属感的群体,这种方式与面对面互动的动力系统有巨大区别。所以,另一个需要回答的问题就是,在虚拟社区中保持身份认同的动力是什么?这一动力机制与有机社区有怎样的不同?INMS必须要完善和扩展当下的文化身份认同理论,同时发展新的身份认同理论。

二、数字时代的跨文化对话与第三种文化

常江:跨文化研究在实践层面的一个重要目标,就是促进成功的"跨文化对话"(intercultural dialogue)。您认为INMS将如何有助于这一研究目标的实现?

罗伯特·舒特:毫无疑问,跨文化对话是跨文化传播的重要目标,它被普遍认为是一种理想的沟通状态,需要公开性与同理心,可以促成不同文化之间的相互理解。跨文化对话与非正式沟通不同,它要求沟通者意识到自己存在价值倾向,并在需要的时候挑战自己的价值倾向,这对于成功对话而言,显然是一个障碍。简言之,为了实现成功的跨文化对话,沟通者必须以开放的心态接受差异——这一根深蒂固的对话原则建立在尤尔根·哈贝马斯(Jürgen Habermas)关于交往理性的观点之上。事实上,由于有关跨文化对话的理论、模型和策略均来自传统的面对面的研究范式,因此这些理论是否仍然适用于新媒体的时代,是需要深入思考的。基于虚拟空间的跨文化对话研究数量有限,但据我观察,"虚拟跨文化对话"所面临的挑战与传统媒介环境下的情况是相似的。例如,一些研究者考察了社交媒体上的交流群组,发现虚拟的跨文化合作被业已存在的社交关系网络所限制。尽管社交媒体平台是全球性的,但是不同的国别和文化还是形成了界限分明的团体。

而影响社交媒体使用者分享信息、产生与他人合作的意愿的主要因素是：他们的虚拟伙伴是否为自己群体内部的成员，以及在多大程度上与自己拥有相同的文化价值观。此外，也有研究者发现，维基百科（Wikipedia）的协同知识生产模式在实际上反映了占支配地位的文化价值观来自法国、德国、日本和荷兰的作者，这显然与维基百科最初被创设的意图不符。因此，在数字时代，吉尔特·霍夫斯泰德（Geert Hofstede）的文化价值框架仍然有解释力。我们发现，跨文化对话的成功与否，仍然与个人主义/集体主义、权力距离、女性气质/男性气质等传统维度密切相关。研究者们总结出的在物质世界里发现的文化差异在虚拟社区里也适用。

常江：那么在当下的跨文化对话中，新的技术环境或媒介平台究竟扮演了什么角色呢？

罗伯特·舒特：我认为，互联网技术其实主要是为更多形式的对话提供了可能性，而一旦对话展开，人们仍然需要克服原有的障碍。换言之，虚拟合作可能会产生跨文化对话，或者成为对话的先导，但是真正意义上的"协作"的完成，始终需要必要的对话元素，如同理心。而新媒体并没有在这个问题上发挥我们所期望的作用。

常江：对于INMS来说，应该如何在理论发展的层面去解决这个问题？

罗伯特·舒特：我曾在此前的研究中提出，INMS应该致力于进行"第三种文化"的研究——这是解决新媒体环境下跨文化对话问题的关键所在。

常江：您能具体说说吗？

罗伯特·舒特：你可能很熟悉"第三种文化"是什么。这个概念最初是由弗雷德·卡斯米尔（Fred Casmir）提出的，他假定来自两种不同文化的个体会在对他们而言均为异文化的"第三种文化"中对彼此的关系持乐观态度。因此，第三种文化就是一种能够对彼此分散的文化进行一定程度的整合,使之变得更具包容性的文化。显而易见,对话是发展出第三种文化之必需。如果没有对他人的同理心和对异文化的深刻理解,对话是不可能实现的。个体必须有意识地认识到文化间的差异,并且能够搁置判断去建立第三种文化。一旦实现,第三种文化便能提供一种理想的互动气候,因为它是以接纳、支持与合作为主要气质的。第三种文化在物理世界中是很难实现的,因此这一理论在过去的发展并不充分。但随着互联网时代的到来,我们发现第三种文化在虚拟社区里更容易实现。显然,对其他文化进行理解的经济和社会成本因技术的便利而大大降低了,这显著地提升了在虚拟世界里发展第三种文化的可能性。在日常实践中,如果你是虚拟社区的一员,那么你无须离开自己住所就能成为一名活跃分子,也不会因为社交错误而面临颜面有损的威胁。新媒体为用户管理社交距离提供了技术工具,从而使得虚拟的第三种文化更容易实现。

常江:从我本人对社交媒体的观察和使用体验出发,可能会得出不尽相同的结论。数字平台固然使理解变得更加容易,但也极大缩短了真正的理解所需要的时间和心理线程,或许反而会制造更多的冲突。

罗伯特·舒特:你说的也许有道理。事实上,也有证据显示第三种文化在虚拟世界里的建立没有想象得那么容易。比如,有研究者曾对某国际学生交换项目进行研究,考察了交换研究生们如何尝试在多个线上社区里界定自己的成员身份。研究发现,这些学生在国际化的虚拟社区中建立线上关系的过程中经历了多重文化障碍,有些障碍甚至就是技术本身带来的。他们进而得出结论:导致"和解"的机制十分复杂,有时在网络空间里难以实现。在我看来,要回答这个问题,需要回归第三种文化的初始含义;并不是所有的"第三种空间"(the third space)都是"第三种文化",前者以连通社交资本为特色,但通常不会像后者一样提供深层的情感支持。一种生活方式被界定为"文化",必然有着观念、价值和情感的细腻维度。事实上,即使在互联网已经发展得高度精细化的今天,它所创造出来的能够被称为"文化"的东西仍然是很少的。

三、新媒体与文化适应

常江:假设我们仍然处在一个鼓励全球流通和跨文化对话的历史趋势里——虽然我本人对此并不乐观——那么对于跨文化传播的实践者来说,可能更紧迫的需求是文化适应。在INMS的框架下,应当如何促进有效的文化适应?

罗伯特·舒特:在经典理论中,对于文化适应的研究非常充分。比如金荣渊(Young Kim)所提出的整合模型,有着持久的解释力。但至少到目前为止,针对新媒体与文化适应之间关系的研究仍很不充分。一个想当然的假设是:互联网和虚拟社区会促进文化适应的进程。例如,有研究者就发现,来自中国的留学生如果使用由其他中国学生组成的线上族群性支持群组,比如微信群,便能够显著地减少文化适应方面的压力,获得更多的情感支持;而那些同时获得线上族群性群组支持和当地文化中的人际网络支持的学生,往往能够更加顺畅地实现文化适应。另外,那些维系着国内线上人际网络的留学生在文化适应过程中遭遇的情绪障碍也更小。不过,更多的研究结论并不符合"常识"——这或许表明中国文化的特殊性。在更多的情况下,增加对由相同文化的人组成的社交网站的使用会阻碍文化适应的进程。比如,刚才提到过,法国穆斯林对社交网站的使用强化了他们的穆斯林身份认同而非法国人身份认同,这显然让文化适应变得更加复杂,或许也解释了文化适应理论其实并没有那么强的普遍性。斯蒂芬·克劳切(Stephan

M. Croucher)的研究是比较深入的,他从涵化(cultivation)理论和族群活力(ethnic group vitality)理论出发,认为增加对同质化的社交网络的曝光度易于增进群体内的身份认同,而对文化适应却有负面影响。

常江:在经典文化适应研究中,个人的跨文化能力(intercultural competence)发挥着很重要的作用。这在新媒体环境下仍然适用吗?

罗伯特·舒特:是的,从我的研究来看,个人的跨文化能力水平依然对文化适应有着显著的影响。尽管对互联网和数字媒体的使用行为可以一般性地提升个体的跨文化能力,但是提升的方式和程度依然是因人而异的,这与年龄、受教育程度,以及其他结构性的差异密切相关。我们就以通过互联网来学习外语这件事为例。外语水平是跨文化能力的重要组成部分,这毋庸置疑,而互联网显然让外语学习变得比以往更加容易了——无论是通过大量丰富的免费学习资源,还是通过广泛接触其他语言的媒介来学习。但是,西方和非西方文化背景中的人,即使掌握同等的技术,在外语学习中所获得的能力依然存在巨大的差异。例如,有研究发现,德国人和美国人以互联网为媒介学习彼此的语言,显著地提升了他们理解对方提供的文化信息的能力,从而实现了跨文化传播能力提升的"双赢";但针对拉美人与美国人通过学习第二语言来促进沟通的研究,则发现这一效果并不显著——经济和种族因素显然发挥了作用。不过,我认为现在我们对个体跨文化传播能力的提升的研究,仍然是自缚手脚的。为什么一定要局限于外语学习这样传统的方式里呢?新媒体的出现提供了无穷的可能。比如,已经有不少人开始关注虚拟游戏的流行在提升跨文化能力方面的功能,诸如《第二人生》(*Second Life*)、《魔兽世界》(*World of War Craft*)、《无尽的任务》(*Ever Quest*)、《最终幻想》(*Final Fantasy*)和 *Xbox Live*(由微软公司开发运营的多用户在线对战游戏平台——译者注)等。有研究即发现,《第二人生》实际上促进了跨文化友谊的形成,有助于第二语言习得,并培育了人们对多元文化的开放心态,从而提升了参与者的跨文化素养(intercultural literacy)。我认为有一项工作是很重要的,那就是重访、重构文化适应的主要理论,确保它们能够充分地涵盖新媒体。在经验层面,则要认识到个体在线上社区和虚拟世界中进行文化适应的实践,可能会为其在现实世界中的文化适应实践提供新的可能性。

常江:当然,我关于文化适应的提问,其实是指向跨文化传播的课程教学的,因为学生总要通过学习这门课程获得文化适应的能力。我想知道,在INMS的框架下,我们应该如何在互联网时代教授跨文化传播?

罗伯特·舒特:我很高兴你提了这个问题。在我看来,INMS不仅是为跨文化研究提供理论启发,而且也具有实践方面的教学意图。虽然INMS的相关研究还不充分,但似乎已经有足够的资料和数据能将这一课题纳入当下有关跨文化传播和国际传播的课程之中。我的建议是,教师应当在课程体系中,着重讲述跨文化传播理论与新媒体、互联网的交叉性问题,同时关注全球性的社交媒体培育了什么新的文化、对原有的文化又产生了什么作用。我甚至认为,应该全面开设名为"新媒体与跨文化传播"的新课程,专门探索新媒体和跨文化传播的交叉领域,并为现有的课程体系补充新媒体视角下的理论和经验。此外,也需要系统性地出版INMS的教科书,并整理供学生阅读的参考书目。目前已经有几本教科书可被用于新的跨文化新媒体研究课程。跨文化传播是一个令人不断有新发现的研究领域,而INMS则为我们围绕这些新发现展开理论探索提供了可能性,帮助我们在数字时代重新理解跨文化传播与国际传播。对于在大学里教授跨文化传播课程的教师来说,如何保持对新技术及其培育的新文化的模式的敏锐性,是至关重要的。

(编辑:肖劲草)

全球媒介伦理的多重对话与多重实现*
——斯蒂芬·沃德（Stephen J. A. Ward）访谈录

◇ 单 波**

摘 要 《全球媒介伦理手册》试图说明全球媒介应如何应对困扰世界的全球问题，呼吁逐步领悟媒介伦理的全球视野，其中包括跨文化对话。全球伦理学的观念有时不被接受，因为人们认为，这是一种将所谓的一套普遍规则（如西方道德规范）强加于人的文化形式，但这不是全球伦理路径的必要特征。与其将全球伦理视为所有人寻求的一个绝对的原则体系，不如将其视为持续发展的、寻求共同点的一系列多重对话，或者是对价值差异和所涉及问题的更好的理解。在讨论全球媒介对全球问题的报道时，我们的思想和价值观交叠在一起。我们需要在基本道德原则上寻求全球共识，

---

* 本文为教育部人文社会科学重点研究基地重大项目"'一带一路'倡议构想与跨文化传播"（项目编号：16IJD860004）的成果。
** 单波，武汉大学媒体发展研究中心主任、武汉大学新闻与传播学院教授；翻译整理：叶琼，武汉大学新闻与传播学院博士研究生。

但是,必须允许不同的文化以不同的方式表达这些原则,鼓励差异。在互联网时代,需要重新定义媒介伦理,将它作为"每个人"的伦理。也就是说,媒介伦理已经超越了专业新闻编辑室,因此我们需要发展原则、规范和媒体教育,以帮助公民负责任地使用媒体设备,展开全球对话。

关键词 全球媒介伦理;多重对话;多重实现;跨文化对话

Multiples Dialogue and Multiple Realization of Global Media Ethics

Interview with Stephen J. A. Ward

Abstract The *Handbook of Global Media Ethics* attempts to explain how global media should deal with global issues that plague the world, and calls for a gradual understanding of the global vision of media ethics, including intercultural dialogue. The idea of global ethics is sometimes rejected because people believe that it is a cultural form that imposes a so-called set of universal rules (such as Western ethics) on people, but this is not a necessary feature of a global ethical approach. Rather than treating global ethics as a system of absolute principles for all people, it is better to treat it as a continuous development, a series of multiple dialogues seeking common ground, or a better understanding of value differences and the issues involved. When discussing global media coverage of global issues, our thoughts and values overlap. We need to seek a global consensus on basic ethical principles, but we must allow different cultures to express these principles in different ways and encourage differences. In the Internet age, it is necessary to redefine media ethics and regard it as the ethics of "everyone". In other words, media ethics has surpassed professional newsrooms, so we need to develop principles, norms, and media education to help citizens use media equipment responsibly and initiate global dialogue.

Keywords global media ethics, multiple dialogues, multiple realization, intercultural dialogue

斯蒂芬·沃德

斯蒂芬·沃德简介

斯蒂芬·沃德,博士,伦理学家,思想史学家,加拿大不列颠哥伦比亚大学荣休教授,曾撰写十部媒介伦理学著作,主要包括《全新的媒介伦理:一种全球路径》(*Radical Media Ethics: A Global Approach*, 2015)、《民粹主义时代的新闻伦理:民主参与的记者》(*Ethical Journalism in a Populist Age: The Democratically Engaged Journalist*, 2018)、《客观从事新闻业:一种伦理道德》(*Objectively Engaged Journalism: An Ethic*, 2020)、《伦理与媒介研究导论》(*Ethics and the Media: An Introduction*, 2020)等。

单波:谢谢您接受我的访谈!首先热烈祝贺您主编的《全球媒介伦理手

册》(Handbook of Global Media Ethics)即将出版。作为参与其中的作者,我倍感愉悦。还记得2018年8月15日收到克里福德·克里斯琴斯(Clifford Christians)先生的邮件,他直接邀请我撰写第三部分的第五章"伦理相对主义、多元主义和全球媒介伦理"(Chapter 5: Ethical Relativism, Pluralism and Global Media Ethics),尽管我内心忐忑不安,不确定自己能否胜任,但面对老先生的信任和期待,我无法拒绝。紧接着,8月17日收到您的电子邮件,您以主编的名义正式邀请我与全球70位学者一起合作完成这本书,这让我深感荣幸。如今,经过两年多的努力,这本书终于要问世了,我想请您与中国学者分享关于全球媒介伦理的一些新看法。我们首先想知道的是,如何在历史与现实的层面理解这本书出版的意义?

斯蒂芬·沃德:谢谢您的参与和贡献。这本书是全球媒介伦理在重要规范研究(normative study)领域兴起的里程碑。21世纪初,当时互联网正在创建一个真正的全球领域,有一小群学者对全球伦理,尤其是全球媒介伦理产生浓厚的兴趣,我有幸成为其中的一员。我们开始在不同的国家或地区出版作品和举办圆桌会议,包括在中国的清华大学举办的一次圆桌会议。但我们只是一小群人,老实说,有些人认为我们就像挑战假想风车的堂吉诃德。人们怀疑全球媒介伦理的观念难以推广,可是到如今,这一观念已得到广泛讨论。但我认为以往没有资源能帮助学者学人整合脉络,建立全球媒介伦理学术领域。编辑本书就是在做这样一件事,而且是该领域的首创。这就是为什么这本书的视野如此广阔,以70章的篇幅展示问题和观点,强调媒介伦理必须走向全球,否则它就与世界和媒介面临的重大问题擦肩而过。我还预计这本书会产生实际效果,鼓励新闻机构和媒体从业人员把这些思想纳入其工作和道德规范中。这是一支才华横溢的团队完成的极其重要的著作,我们正在创造历史。

单波：所以我为加入这一团队而自豪，我也受邀参加了 2014 年在清华大学举办的第四届全球媒介伦理圆桌论坛，记得当时我非常吃力地评点了克里斯琴斯的演讲，一方面为他的伦理融合视野所吸引，另一方面又对伦理融合能否实现深感困惑。因此，我现在感兴趣的是，这是由多国学者合作完成的集大成之作，他们在学术话语、思维方式、语言习惯、概念理解等方面均存在差异，这些差异是如何融合在一起的？从跨文化传播的角度看，是否形成互惠性的理解？

斯蒂芬·沃德：老实说，虽然存在不同的观点，但没有特别大的困难。这可能是由于我们（我和每一章的编辑）以非常多元化和开放的心态编辑每一个章节。我们知道，来自不同国家和地区的作者会表达与我们不同的想法，例如，关于媒体自由的问题。但这就是我们想要的多元观点。我们所要求的是，任何观点都应以事实为依据，较好地、合乎逻辑地论证，没有明显的政党偏见，并且有充分的论据。所有作者都是各自领域的专家，因此这些章节的质量很高。

单波：您回避了互惠性理解问题，但我认为这个问题很重要，请允许我解释一下。所谓互惠性理解，就是在对话与合作中的理解，它强调超越把他者文化的伦理当作知识理解与兴趣满足的局限，在伦理差异中形成互补性知识，强调伦理观念的互相印证。例如，我曾经和约翰·基恩（John Keane）面对面讨论中西方关于"求真"的道德观念，西方人认为存在的才是真相，而且真相是存在被逐渐揭露的过程；而中国人偏向于谈论"本真""真心""真诚"意义上的真，即真心所见就是真。我认为这种讨论形成了伦理知识的互补，以及"求真"之心的相互印证。您能否举例说明这本书能有助于伦理观念的互惠性理解吗？

斯蒂芬·沃德：这本书本身不是有关跨文化对话的著作，而是一本有关媒介伦理的书,其中对话问题很重要。如果它本身就是一本跨文化的书,就会涉及如何进行这种对话的问题,将讨论跨文化交流的理论等。而且,本书并没有形成由不同文化背景的多位作者讨论同一个问题的结构。本书试图说明全球媒介应如何应对困扰世界的全球问题,呼吁逐步领悟媒介伦理的全球视野,其中包括跨文化对话。单个作者从他们的角度来解决具体问题,因此,我们得到了关于世界各地多种问题的多种看法,例如,贫困问题的新闻报道、少数群体的表征、虚假信息的泛滥等。在这本书中可以观察到方法或观点的差异,例如,我认为全球媒介伦理可以实现的观点在另一章中受到另外两位作者的质疑。此外,许多作者还从不同视角质疑爱国主义在多大程度上可以成为人类的"全球爱国主义"以及和平新闻是否是全球媒介伦理的目标。

  跨文化对话可能会失败,加上互惠性理解的可能性取决于所面临的问题,而有些问题一个比一个棘手。如果我对如何做到这一点有一个"答案",那我将是一个非常明智的人,但我不能假装自己知道。然而,即便如此,还是有很多关于如何进行这种文化对话的文章,从哲学或理论的意义上强调进行对话的人们所必需的开放、包容和宽容的态度;在"倾听"的语境下分享基本价值;在提倡议时将其作为建议(而非教条立场)提出,以供进一步讨论;承认过去的不公正,等等,由此一点点地建立起信任和理解。您可以在哈贝马斯话语伦理学的基本层面上找到这些思想,也可以在罗尔斯寻求重叠共识(overlapping consensus)的基本理念中找到这些思想。但是,作为一个实用主义者,我认为可以从参加过实际的跨文化交流和讨论的人们和团体那里学到很多东西。我还想到一些可以找到某种答案的地方,诸如从世界各地发生的真相与和解进程中,在促进和解与和平的联合国工作人员那里,从国内那些必须在敌对种族群体之间进行调解的内城区工作者(inner city workers)那里,等等。对我而言,所有这些就是所谓的"道德工作",即一种实际的道德操守。此外,人们所处的文化群体与传统相似又相异(不仅仅是差异),对他们展开教育是未来公民超越自己狭隘视角的关键。同样重要的是活动和会议,来自不同群体的人们面对面交流并打破对对方的刻板印象。

单波:您曾经提出全球媒介伦理的首要目标是参与关于新闻伦理的跨文化对话,以探索共同点和差异。这次让全球学者参与编写《全球媒介伦理手册》,也是这种跨文化对话的一种尝试吗?

斯蒂芬·沃德:是的,这是一次跨文化的对话——70位作者以及7位编辑,他们来自加拿大、瑞典、中国和巴西。但是,在同一章中,没有来自不同国家的作者产生观点上的冲突,将来出版时可以考虑这个想法。而我认为浏览整个目录就不难发现方法和观点上的差异。

单波:的确,跨文化对话是在差异中进行的,如果在同一章中安排不同国家的作者对话,将会增加跨文化对话的旨趣。但我们不得不注意到,在今天这样一个反全球化、逆全球化的时代,全球媒介伦理遭遇重大挑战。

斯蒂芬·沃德:这是一项艰巨的任务,仅仅通过新闻工作者或媒介学者,在很大程度上无法完成。这需要全社会的努力或跨界努力。在公共领域存在两大问题:第一,我们面临着紧迫的全球性问题(例如气候变化、全球不平等),这需要文化与国家的全球协作。第二,右翼极端主义的兴起与强势国家机构的错误信息相结合,正在破坏宽容、多元主义和平等的社会。我断言,人类的未来和公正、宽容的全球社会的未来正处于危险之中。人类必须改变自己的道德意识,从狭隘的地方依附转变为一种以全球原则为先的道德全球主义。我不敢说,如果不这样,人类最终会在核子浩劫中自我毁灭,或被迫活在分裂的高科技反乌托邦中,那里愤怒的喧嚣危及爱好和平人士的安全与稳定。这将是霍布斯从未想象过的基于高科技的"自然状态"（state of nature）。更糟糕的是,全球媒介推动了这些趋势的发展,任何拥有电脑的人都可以发布仇恨言论和错误信息。

单波:面对全球媒介伦理的种种困境,我们试图寻找全球媒介伦理的跨文化传播路径。但是跨文化传播本身也面临着伦理的困境,即,如何处理人类命运共同体与人的文化根源意识的内在紧张关系？如何面对多样性（multicultural）与同一性（identity）的矛盾？您如何看待这些伦理困境？

斯蒂芬·沃德:我认为这种内在紧张关系的确存在,我们生活在一个全球化的世界,这种紧张局势更加明显、突出。年轻时,我生活在一个非全球化的世界,这些紧张关系并不是我的日常生活或意识的一部分。任何文化上的紧张关系都在我的国家内部存在,例如,法国人对英裔加拿大人,或者对爱尔兰人的偏见。我们只能做一件事:大大增加不同的人一起聊天、聚会的机会,但最重要的是,一起工作。将全球伦理视为一种项目,而不是一组规则。这个项目适合我和其他所有人,能让我们更好地理解彼此。我们通过开展社会和文化项目来做到这一点。我们需要面对面交流,并重组我们的社会,以便公民遇到具有不同看法和文化的人。我们也需要通过艺术、音乐和我们的教育系统来支持这种对话。作为一个项目,全球伦理无法通过向人们讲授抽象原则来实现（尽管原则很重要）,他们必须亲自体验生活中的价值观。例如,人的尊严原则可能对你来说是抽象的,直到你遇到没有尊严的待遇;在你成为冲突的受害者之前,战争是邪恶的想法对你意义不大,而成为受害者之后,你就知道为何这些想法很重要。

单波:是的,我也很认同这种伦理体验的意义,但问题是,全球各种文明区域都有各自的伦理表达,有相似的表达,也有不同的表达,有些不同的表达甚至形成了伦理冲突。那么,在跨文化的意义上,如何实现伦理融合？

斯蒂芬·沃德：我想说的是，我们需要在基本道德原则上寻求全球共识，我认为这是我们可以找到的共识。但是，我们必须允许不同的文化以不同的方式表达这些原则，鼓励差异，而不是通过一种文化帝国主义的方式，以强加的原则压制差异。

我也想避免误会。全球伦理学的观念有时不被接受，因为人们认为，这是一种将一套所谓普遍规则（如西方道德规范）强加于人的文化形式，但这不是全球伦理路径的必要特征。一种实用的想法是考虑原则的"多重实现"（multiple realization）或"全球性"。我们必须允许不同的文化表达相似的原则，如媒介的社会责任。这个任务会有一些局限，比如，我们赞同某类媒体实践，而在某些时候完全不同意或谴责这些媒体实践。这种努力是不完美的，也是有局限的，但并不意味着不应尝试。

与其将全球伦理视为所有人寻求的一个绝对的原则体系，不如将其视为持续发展的、寻求共同点的一系列多重对话，或者是对价值差异和所涉及问题的更好的理解。可能永远不会存在所谓全球媒介伦理。这可能是一件好事，因为它避免了一致的、命令式的必要原则体系。相反，在讨论全球媒介对全球问题的报道时，我们的思想和价值观交叠在一起。道德是公正且开放的社会话语，不是一整套固定的规则，要从多重视野讨论和评估道德观念和实践。道德是一个务实的项目，而非既成事实。

单波：新冠肺炎疫情蔓延整个地球，导致人类的恐惧与焦虑蔓延，恐惧与焦虑转化为对外群体的歧视与敌意，就像病毒寄生于宿主，民族中心主义也寄生于人类文化，全球媒介伦理如何跨越民族中心主义的障碍？

斯蒂芬·沃德：可以通过解除或消解种族中心主义的根源来达到目的。第一，从道德狭隘主义到道德全球主义；第二，以有利于相互理解和尊重的方式使人们接触其他种族，挑战以种族为中心的群体，无论他们生活在哪里,等等。这是一项非常艰巨的任务,人性是其中的原因之一。不幸的是,人类具有两种类型的特性:一方面是同情、理解、合作等亲社会特性,另一方面是利己主义、侵略性和部落主义(或民族中心主义)的"达尔文主义"特性。我曾论述过自成为狩猎采集者以来人类特性和道德的演变,人类一直在努力平衡这两类都不能消除的特性。这个社会问题是,社会结构和实践在给予并触发亲社会特性的同时,承认"达尔文主义"特性但阻止其极端表达。这就是为什么说"如何"问题(即我们如何阻止这种情况发生)是一个非常大的问题。如前所述,对于民主国家而言,这意味着对社会实践等的重新定义。

单波:人的亲社会特性确实在新冠肺炎疫情期间有所表现,我们看到了人类合作的一些情景:相互提供医疗支援、分享信息、捐赠等。大量的报道涉及负面信息,但也有少量报道超越民族、种族、性别、年龄、宗教信仰,呈现出互助的情境,分享互助的经验与感动,并寻求对隔离与冷漠的改变。全球媒介伦理如何从这些建设性新闻中获取道德灵感?

斯蒂芬·沃德:实际上,我看到的这样的新闻作品不少。无论如何,这些例子都是至关重要的,不仅因为它们反对狭隘主义的潮流,而且还向我们以及年轻的媒体工作者展示了如何更加接近世界主义观点。从全球的角度来看,这些例子可用于媒介教育。接下来是使这样的讨论和学习成为媒体与新闻学教育的核心部分,并努力修订媒介规范,以涵盖这些鼓舞人心的作品所呈现的美德。

单波:在互联网时代,媒介伦理还不得不应对社交媒介的挑战。当下,参与制作新闻的不仅有专业的新闻记者,还有一些普通人。全球媒介伦理如何在这么大的群体内实现?

斯蒂芬·沃德:正像我论述的那样,我们需要重新定义媒介伦理,将它作为"每个人"的伦理。也就是说,媒介伦理已经超越了专业新闻编辑室,因此我们需要发展原则、规范和媒介教育,以帮助公民负责任地使用媒介设备,展开全球对话。实际上,这意味着我们的学校要尽早教授媒介伦理学,并为公民开办讲习班,以了解网络传播的伦理问题和议题(及影响)。在解决这些问题的讲习班和会议上,公民还得有机会讨论这些准则。换句话说,我们需要一种新的媒介道德和媒介教育方法,不再将媒介道德课程限制为新闻与传播学院的课程。

单波:在构建全球媒介伦理的过程中,您主张一种伦理世界主义(ethical cosmopolitanism)。这种世界主义倡导人权、自由和正义这些普遍且抽象的原则。在全球暴力冲突的背景下,伦理世界主义如何才能成为可能呢?

斯蒂芬·沃德:还有一些特定的方法可以消除媒体的影响,但它们需要我称之为宏观抵抗的东西:全社会、公众的努力,支持负责任的新闻业,同时密切关注并了解那些可能散布假新闻和恐惧情绪的人。我还认为,记者应该摒弃严守中立、只报道事实的旧观念。更确切地说,记者需要将自己视为参与保护和推进人性与民主结构计划的人。他们必须成为我所说的客观参与的新闻工作者,准备抵抗煽动者和有害群体。

单波:您认为全球化的世界中,爱国主义在我们的价值体系中发挥的作用应该更低。但是,这种温和的爱国主义主张也受到一些挑战:"如果一名美国记者在'9·11'以后被视为不爱国,他就会被抛弃。在美国如此,在中东也如此,那么如何在全球媒介伦理中要求一种温和的爱国主义呢?"您怎么看待这样的观点?

斯蒂芬·沃德:温和的爱国主义受到了挑战,这是错误的。新闻工作者和新闻机构必须抵抗这种压力。他们是否会这样做是颇有争议的。但是,在媒介伦理方面存在这样的问题并不新鲜,我们所要的媒体与我们实际所得的媒体之间总是存在差距。温和的爱国主义是与独立、民主的媒体相对应的爱国主义的唯一形式。这意味着媒介伦理规范必须把对所有人负责作为首要原则,而不是对狭隘群体负责。作为一名记者,我多次受到"不爱国"这样的口头攻击,但我和我的编辑反对以此为由(例如,由于我的外国新闻报道)解雇我,非常幸运的是我得到了支持。

单波:谢谢您谈了这么多。我把您所谈的这些观点总结为全球媒介伦理的多重对话与多重实现,要求每一个人都参与其中,谁也不能例外。同时,全球媒介伦理不能止于对抽象的原则与规范的认同,而是要在多重对话与多重实现中呈现自身的可能性。在我看来,这种全球媒介实践将贯通于全球化时代的跨文化传播实践,因为跨文化传播实践是极具伦理意义的,它将支撑您所说的多重对话与多重实现。

(编辑:肖劲草)

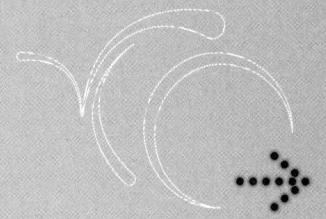

新问题与新视角

平台世界主义视域下跨文化传播理论和实践的升维*

◆ 史安斌 童 桐**

摘 要 新冠肺炎疫情预示着全球风险社会的到来,也加速了人类社会的平台化进程。作为当今全球传播的基础设施,平台媒体的普及推动了国际传播在理论层面上由"国族中心主义"向"平台世界主义"升维,在学科范式和实践层面则推动了由"跨文化传播"向"转文化传播"升维。本文在平台世界主义的视域下总结与反思此次疫情期间我国对外传播和公共外交的相关经验,为在全球风险社会的新形势下如何更为有效地塑造国家形象和引领对外话语权提供方向性建议。

关键词 世界主义;全球治理;跨文化传播;社交媒体;国际传播

---

* 本文为教育部哲学社科重大攻关项目"新时代中华文化走出去策略研究"(项目批准号:18JZD012)的部分成果。
** 史安斌,清华大学新闻与传播学院副院长,教授;童桐,清华大学新闻与传播学院博士研究生。

Upgrading of Intercultural Communication Theory and Practice from the Perspective of Platform Cosmopolitanism

Abstract　The outbreak of COVID-19 pandemic since January 2020 has turned the concept of "global risk society" predicted by Ulrich Beck into reality. This epidemic is the first global disaster facing mankind in the era of platform media and has evolved into "infodemic". How to bridge the polarized world and build a community of shared future for the mankind demands a new logic of international and intercultural communication. This study proposes a new concept of "platform cosmopolitanism" to grapple with China's experience and provides guideance on how to enhance China's soft power and national image in the wake of this global epidemic. The role of intercultural communication via social media platform in global governance has become increasingly prominent and therefore needs a conceptual renovation and practical exploration in the logic of "platform cosmopolitanism".

Keywords　cosmopolitanism, global governance, intercultural communication, social media, international communication

2020年初爆发的新冠肺炎疫情堪称人类历史上最具代表性的"全球性危机"之一。世界各国轮番按下"暂停键",人类的社会交往和日常生活方式发生了根本性的变化,德国社会学家乌尔里希·贝克(Ulrich Beck)预言的"全球风险社会"日渐成为人类社会的"新常态"。此次疫情是数字化时代人类面临的首次全球性危机,平台媒体在成为抗疫基础设施的同时也改变了风险社会的交往与表达逻辑。从影响上来看,此次疫情揭示了当下全球传播的深层次矛盾,数字媒体放大了风险的非合作性,"信息疫情"(infodemic)借助平台媒体蔓延滋生,进一步侵蚀和消解了全球公共话语空间。

显而易见,国际社会并没有为此次疫情的全球合作做好准备,平台的网络结构和行为主体的分化以及由此导致的利益诉求的冲突与对立不仅加剧了国际舆论的复杂性和不确定性,而且威胁到全球危机治理中专业与科学话语应有的主导地位,为国家间的合作蒙上了阴影。以此次疫情为例,作为全球最早遭遇新冠病毒袭击的国家之一,中国从一开始便处于国际舆论的"风暴眼"。随着西方国家相继陷入新冠肺炎疫情的泥潭之中,一些别有用心的政客炮制和散布的"中国起源论""中国责任论""中国赔偿论"三位一体的国际舆论战甚嚣尘上,成为建立和巩固全球抗疫机制的最大障碍。

后疫情时代,如何在平台化社会到来之际弥合各国分裂的话语空间,建立全球风险共同体,将主导国际传播和跨文化传播理念的转型逻辑。面对与新冠肺炎疫情同步交织的"信息疫情"的严峻挑战,本文提出,作为当今全球传播的基础设施,平台媒体的普及推动了国际传播在理论层面上由"国族中心主义"(ethnocentrism)向"平台世界主义"(platform cosmopolitanism)升维,在学科范式和实践层面则推动了由"跨文化传播"(intercultural communication)向"转文化传播"(transcultural communication)升维。本文从平台世界主义的视角出发,总结与反思此次疫情期间我国对外传播和公共外交的相关经验,为其在全球风险社会的新形势下如何更为有效地塑造国家形象和引领对外话语权提供方向性建议。

一、平台世界主义的现实语境

新冠肺炎疫情的爆发使得人类社会进一步融入"平台化社会",这意味着平台不仅成为公共传播的集散地,而且成为人类生活的重要基础设施之一,在抗疫和防疫过程中发挥着重要作用。伴随着各种"黑天鹅"和"灰犀牛"事件的发生,平台在给人类带来种种便利的同时,其所具有的多元主体性及其导致的"众声喧哗"也放大了"全球风险社会"的种种弊端,这一点在尚未退去的新冠肺炎疫情中体现得尤为显著。

(一)作为"全球媒介"的平台

传播技术的改变重塑了全球信息网络和国际信息流动空间,而在人类危机发生之时,新的传播技术则会加速新技术的产生及应用。[①]

此次疫情中,平台作为基础设施所扮演的角色越发重要。除了基于信息平台所搭建的公共传播体系以外,疫情期间基于平台基础设施而发展起来的数字追踪技术也对疫情的有效控制产生了广泛影响。[②]

作为以数据为支撑,以个人、组织与公共机构为参与主体的数字交互基础结构[③],平台被称为继市场、企业之后的第三种主要资源配置与组织方式[④],是名副其实的"全球媒介"(global media)。从 20 世纪 90 年代发展至

---

① 莫利.认同的空间:全球媒介、电子世界景观与文化边界[M].司艳,译.南京:南京大学出版社,2000:1-4.

② POELL T. Three challenges for media studies in the age of platforms[J]. Television & new media, 2020(6):650-657.

③ 斯尔尼塞克.平台资本主义[M].程水冰,译.广州:广东人民出版社,2018:41-62.

④ 方军,程明霞,徐思彦.平台时代[M].北京:机械工业出版社,2018:36.

今,数字平台已经成为全球信息集散的中心,将信息传播与人类交往的全流程纳入平台之上。据统计,疫情期间,65个国家在实施封闭或隔离措施后,人均互联网使用时长平均上升了60%,其中多数流量都被导入至电子游戏、流媒体等平台。① 不仅是平台自身的流量持续增长,关于平台的争论也成为舆论热点。

宏观来看,平台媒体在整合传播语境方面具有天然优势,在对外传播实践中所扮演的中枢神经角色越发凸显。② 平台代表着一个国家的软实力,从规模和影响力来看,全球平台系统可分为两大阵营,分别是以脸书、苹果、亚马逊、奈飞、谷歌等美国互联网巨头为主导的"狼牙"(FAANG)系统和以阿里、腾讯、百度、京东等中国公司为主导的"蝙蝠"(BATJ)阵营,两者同时也是地缘权力博弈的重要空间。疫情期间,从旷日持久的Tik Tok被禁风波到脸书因在"信息疫情"治理上的不作为而受到广泛抵制,平台在改变全球传播逻辑的同时,也正在成为政治和经济权力争夺和博弈的主要场域。

微观来看,平台也为传统外宣实践带来了极大的不确定性,平台生态系统在其架构中有一套特定的规范和价值编码③,网络外部性和参与式传播模式则促进了平台规模的扩张。在这一逻辑下,平台的传播主体以网络化形式存在,其信息传播形式是混合式的"大众人际传播"(mass interpersonal communication)。换言之,平台上的网络化传播不仅可以达到与大众传播

---

① 史安斌,戴润韬.新冠肺炎疫情下的全球新闻传播:挑战与探索[J].青年记者,2020(13):80-83.
② 史安斌,童桐.全球危机与中国方案:新冠肺炎疫情下公共外交的反思[J].对外传播,2020(6):28-31.
③ 史安斌,王沛楠.传播权利的转移与互联网公共领域的"再封建化":脸谱网进军新闻业的思考[J].新闻记者,2017(1):20-27.

比肩的广度,信息接收者同时也是事先预设的个性化受众①,是平台信息传播的"网络把关人"。在平台的去中心化规则之下,国际传播被网络中的重要节点不断地修正、重新表达和再分散。简言之,依托平台进行的国际传播是各国政府、互联网巨头、媒体机构与本地化的网络把关人之间相互整合和博弈的过程。

由于大量非精英主体参与到全球传播的网络之中,以民族国家为主体的国际传播脱离了职业外交家的束缚,不得不将公众的交往行为纳入考量。这一范式的转型过程虽然实现了传播的话语权再分配,但由于现有媒体缺乏应对全球风险事件的普遍伦理准则,所谓的公共讨论在微观上造成了"只表达,不交流"的信任困境,危机发生时甚至加剧了不同国家和群体之间的话语疏离和认知分裂。一些西方政客在疫情期间趁机散布的一系列假新闻和阴谋论通过人工智能技术加持的"计算宣传"对全球合作"战疫"带来了负面影响,这一趋势直接导致了媒体层面"对抗式话语"的盛行和比拼,在新冠肺炎疫情蔓延的当下消解了基于平台进行全球合作的"世界主义潜能"②。

(二)平台的风险变异与"世界主义潜能"的消解

在全球风险治理中,平台媒体本应扮演提供风险信息、促进风险沟通的中枢角色③,起到界定、解释和认知风险的作用。但在此次疫情中,一方面,

---

① 韦路,秦璇.国际新闻传播研究的新概念、新理论和新模型[J].当代传播,2020(3):11-17.
② BFREE M, MIRIAM S-D. Virtual cosmopolitanism: constructing third cultures and transmitting social and cultural capital through social media[J]. Journal of international and intercultural communication, 2011(4): 252-258.
③ 章国锋."全球风险社会":困境与出路——贝克的"世界主义"构想[J].马克思主义与现实,2008(2):45-53.

传统主流媒体的公信力遭遇严峻挑战;另一方面,右翼媒体和"另类空间"崛起所导致的舆论极化愈演愈烈。在此背景下,全球信息流动进入"后真相时代"。简而言之,作为信息传播基础设施的互联网(Internet)演变为"分裂网"(splinternet),本应用来化解风险的新闻媒体本身却演变为另一种更大的风险,媒体传播的"失能"与"失范"阻碍了全球风险治理体系的建立和夯实。

按照贝克的构想,面对全球风险,建基于"国族中心主义"的国际政治规则应当向"世界主义"转型,主体间通过协商对话建立共同体。世界主义被视为激发人类共同情感的手段,这一理念与"中介"(agency)和"媒介"(media)等概念关联紧密。但世界主义并非关注媒介内容本身,而是关注新闻或媒介事件在人们身上所引发的情感反应,即媒体通过在受众和其自身情感结构之间发挥中介化的作用,激发人类的共同情感及其所具有的"世界主义潜能"。在这一过程中,媒体所激发的不应当是植根于利己主义的欲望、感官的愉悦等个体反应,也不应局限于某一族群或社群的利益形态。世界主义必须观照人类普遍的利益诉求,即追求"共同善"(common goods),才能在此基础上打造人类命运共同体。

贝克指出,世界主义的实现是一种持续的社会进程,其表现为人类的生活走向全球互联性、差异性和多样性的普遍化。平台媒体在发展过程中消解了民族国家的边界,推动人类实现由"国族中心主义"向"世界主义"的理念升维。在平台媒体勃兴之初,许多人希望这一新媒体能够促进新闻机构与受众之间的互动,促进国际传播从"独白"向"对话"模式转变。由于互联网在创建之初就内嵌了建设话语共同体的意图,其多主体包容性有利于超越文化偏见①,成为带有鲜明世界主义色彩的新媒体。世界主义强调个体是价值、权利与义务的终极单位,这与平台为用户赋能的理念是基本一致的。同时,平台上的网络化主体针对话语权的博弈也有助于促使多元主体达成共识,实现"共同善"。

但事与愿违的是,网络平台的连接特性并不能自动转化为公共价值,平台在放大风险的同时,也消解了媒体的"世界主义潜能"。首先,平台媒体并没有打破传播壁垒,资本主导的平台媒体稀释了传统新闻业的公信力和市场份额②,传统媒体的权威性正在下降,面对风险的到来,其"无力感"越发明显。尤其是 2016 年以来,世界进入"后西方、后秩序、后真相"时代,"西方缺位"(Westlessness)不仅体现在其意识形态与价值观的分化上,也体现在西方国家治理能力和国际领导力的式微上。此次新冠危机便是上述颓势的缩影。随着全球风险社会的到来与传统政治规则的解体,被民粹主义所支配的国家会掀起一场"选丑/比烂竞赛",从而转移了风险治理的重点,将政治凌驾于科学与专业话语之上。③ 面对"大疫""抗议"与"大选"的交织,面对关于"人权没了"还是"人全没了"的争论,西方政客的着力点不是如何通过有效预防和阻断疫情的传播来最大限度地拯救生命,而是如何在风险管理中追求自身政治利益的最大化,达到捞取选票的目标。

在当下平台媒体创造的"另类空间"中,这一"风险后果"被无限放大。群体极化与社交平台的"回声室""信息茧房""过滤气泡"效应阻断了公共领

---

① 王一戎,卢嘉.互联网环境下的"人类命运共同体":历史理论溯源与未来展望[J].全球传媒学刊,2018(3):38-45.
② 白红义.重构传播的权力:平台新闻业的崛起、挑战与省思[J].南京社会科学,2018(2):95-104.
③ BECK U. World at risk[M]. Cambridge:Polity, 2009:11-34.

域内理性对话的可能性,社交平台也成为"假新闻""后真相"的温床。[①] 在"情感化真实"的传播逻辑主导下,集体智慧的缺失导致了科学与公共话语的整体陷落,加大了风险社会"选丑竞赛"的严峻程度,严重阻碍了多元观点的参与和表达。调查表明,全球网民对于社交媒体之中新闻的信任度已经降至 26%[②],社交平台上有效的公共讨论已经被各类无节操、失底线、更具"眼球"效应的极端化言论所淹没直至消解。在全球风险社会以及互联网"另类空间"的双重影响下,疫情期间的全球舆论场呈现出更为分裂、复杂的局面,随之而来的污名化风险对我国与世界各国开展合作抗疫构成了挑战,网络空间已经成为大国博弈的主战场。有鉴于此,如何重新发掘平台媒体的"世界主义潜能",以提供"全球公共品"(global public goods)的方式,按照以"共同善"为核心的媒介伦理重建全球传播共同体,以应对全球风险社会时代的到来,就成为"后疫情时代"和"后特朗普时代"跨文化传播理念和实践的转型方向。

二、平台世界主义的演进脉络

重塑平台媒体时代的世界主义需要从世界主义与媒介发展的勾连中寻找答案。自 18 世纪末德国古典哲学家康德提出"世界公民""世界联邦""永久和平"等一系列概念和理论框架以来,"世界主义"的构想早在平台媒体出现之前就已经在学理上形成了一整套话语体系,从国族中心主义到虚拟世

---

① 史安斌."另类空间"加大美国社群极化[EB/OL]. (2019-07-15)[2021-03-01]. https://opinion.huanqiu.com/article/9CaKrnKlwT7? w=280.

② 史安斌,童桐.大疫·大选·大考:回眸 2020 年的全球新闻传播[J].青年记者,2020(34):78-81.

界主义,再到平台世界主义,这条理论演进的脉络也为跨文化传播的升维提供了学理基础。通过梳理这一历史脉络,本文提出平台媒体在实现世界主义过程中的适配性,并依据数字化时代的传播特征提出践行平台世界主义理念的方向性路径。

(一)从虚拟世界主义到平台世界主义的历史脉络

西方学界概括的平台化社会的重要特征——高度的商品化与全方位的数据化——成了诠释平台发展的标准叙事,但作为商业机构的平台与"共同善"之间并不存在必然联系。[①] 这一叙事理念缺乏对平台与世界主义之间所存在的历史关联的考量,也忽视了平台在发展过程中的内生性风险。作为一种感知结构,世界主义本质上是激发人类自身所具有的同理心,因此以何种"中介"实现这一进程对于理解世界主义至关重要。

在国际传播实践之中,与世界主义相对立的是"国族中心主义"。在20世纪50年代学科创立之初,跨文化传播服膺于美国的全球战略和冷战时代的地缘政治逻辑,因而不可避免地打上了"欧美中心主义"的烙印。[②] 在此框架下,国际新闻报道以国族中心主义的形式呈现,其背后所体现的是文化的霸权性和排他性,由此带来的新闻框架在关注文化奇观、自然灾害、金融危机和民族国家之间的竞争中表现出鲜明的同构性和连续性。[③] 国际传播以民族国家的竞争框架为基石,其新闻实践有意或无意地服务于地缘政治利益。跨文化传播也是建基于国族中心主义的"文化容器"模式,强调的是文

---

① GILLESPIE T. The politics of "platforms"[J]. New media & society, 2020(3):347-364.
② 史安斌,盛阳.从"跨"到"转":新全球化时代传播研究的理论再造与路径重构[J].当代传播,2020(1):18-24.
③ CHEAH P. "The world is watching": the mediatic structure of cosmopolitanism[J]. Journalism studies,2013(2):219-231.

化的内生异质性,例如中国文化和美国文化之间的沟通和交流。在常态化国际环境中,这种单一封闭的"文化容器"模式显示的是文化的主体性和独立性。但在全球性风险到来之时,国族中心主义显然与构建全球"共同善"的目标和平台媒体的传播理念相悖。

社交媒体兴起后,学界关注数字技术在践行世界主义理念过程中所具有的潜能,即"虚拟世界主义"(virtual cosmopolitanism)。根据这一概念和理论框架,社会网络空间是实现世界主义的主要中介空间。在这一空间内,促使不同文化产生对话潜能的社会资本通过社交媒体整合联结,从而使世界主义在跨文化传播中得以实现。Web2.0技术的兴起为全球政治与社会由"集体性行动"(collective action)向"连接性行动"(connective action)转型提供了技术支撑[1],个人可以从汇集的文化知识中共同构建新的社会系统。虚拟世界主义阐明了一个跨国多元文化群体如何利用社交平台来创建杂糅的"第三空间",乐观主义者甚至认为,这一新的文化场域具有实现"全球公平正义"的潜力。一方面,虚拟世界主义发掘了社交媒体实现世界主义的中介化可能,却将社会资本视为进入地域文化的桥头堡,将异构文化视为社会资本的核心价值,忽视了媒介本身的多样性。另一方面,虚拟世界主义的无序性与自发性使其忽视了全球风险社会所蕴含的危机的普遍性,因而在新冠肺炎疫情和"信息疫情"的双重夹击下,虚拟世界主义失去了学理层面的合法性和解释力。

虚拟世界主义的理论缺陷在于,世界主义在实现过程中不仅仅要面对异质性的受众群体,其赖以存在的中介化空间也有着多重媒介化的结构。这种媒介结构不仅放大了文化上的差异性,而且也内嵌于作为基础设施的

---

[1] 班尼特,等.从集体性行动到连接性行动[J].史安斌,等译.传播与社会学刊,2014(3):18-24.

平台结构当中,受到政治经济甚至是平台自身等多重力量的影响。有鉴于此,本文提出"平台世界主义"这一新视角,强调从平台的媒介逻辑考察世界主义的可能性(见表1)。在世界主义的中介结构中,平台自身也是一种具有能动性的主体。平台不仅通过影响个体催生出新的媒介形式,其本身也具有影响政治经济结构的潜力。2014年由脸书等互联网公司发起的"冰桶挑战"被视为践行平台世界主义理念的最早尝试。这一由精英与草根网民共同参与的公共传播模式近年来被发扬光大,成为"媒介事件"的常规形式。短视频和直播的兴起进一步扩大了"迷因"(meme)传播的空间实践,用户不仅可以目睹,而且能直接地参与内容生产。

表1 全球文化传播的发展脉络

形态	国际传播	跨文化传播	转文化传播
理念	国族中心主义	虚拟世界主义	平台世界主义
理论来源	文化帝国主义	多元文化主义	批判的转文化主义
技术手段	报刊、广播、电视等机构媒体	Web2.0、互联网和社交媒体	物联网、5G、平台媒体
目标	维护民族国家利益	推动实现全球公平正义	通过提供"全球公共品"打造"共同善"
文化模式	单一封闭的"容器"	多元开放的"调色盘"	混搭杂糅的"熔炉"
传播范式	定标(targeted)传播	球土化(glocalized)传播	定制化(tailored)+叙事化(narrative-based)传播
历史与社会语境	冷战	美式全球化	"一带一路"倡议引领的新全球化

此外,平台媒体的"世界主义潜能"也体现在其所具有的政治经济"势能"当中。2020年特朗普政府出于政治考量,发布了针对抖音海外版(TikTok)和微信海外版(WeChat)的禁制令。这在宣告美式互联网自由的"迷思"破裂的同时,也充分展示了平台媒体自身所具有的势能。面对来自白宫

的打压,上述平台的母公司一方面以法律手段进行反诉;另一方面,这些平台上的"网红"博主或普通用户也自发组织起来进行法律应对。2020年9月,美国宾夕法尼亚州地方法院裁定,用户在Tik Tok上创建的短视频是一种受法律保护的信息材料。迄今为止,白宫发布的相关禁制令或被搁置或被废止。与那些容易遭到封杀或限制的传统媒体平台相比,社交平台充分展现了其所具备的强大生命力和舆论动员力。

显而易见,平台时代的国际传播和跨文化传播已经具备了新的媒介和行动逻辑,因而获得了升维的可能性。在数字平台搭建的交往空间内,来自不同国家地区的多元主体共同参与协商,形成一致的包容性的意见,达成关乎人类命运议题的共识。从更为宏观的层面来看,平台世界主义的升维也体现了从"跨文化传播"向"转文化传播"的学科范式转型。在马克思主义文论家弗雷德里克·詹明信(Fredric Jameson)的经典著作《后现代主义:晚期资本主义的文化逻辑》的启迪之下,传播学者马尔文·克雷迪(Marwan Kraidy)富于创见地将"杂糅"(hybridity)指认为全球化时代的文化逻辑。他援引后殖民主义理论家爱德华·萨伊德(Edward Said)首创的跨文化主体"再接合"(rejoin)的分析方法,在对"文化帝国主义"(cultural imperialism)与"文化多元主义"(cultural pluralism)这两个先后于20世纪60年代到21世纪初在媒介传播研究领域"各领风骚数十年"的主流理论进行比对和辨析的基础上,提出了"批判的转文化主义"(critical transculturalism)的理论架构。这套理论架构不同于自由市场原教旨主义和基于民族国家的国际/跨文化传播的思路,需要基于跨地域和跨文化的"文本间性"(intertextuality)、"语境间性"(inter-contextuality)和实践主体以及流动性互动传播网络,对文化杂糅现象展开基于"合成视角"(synthetic view)的分析,从而勾勒出"转文化传播"的理论框架。

跨文化传播是以西方为中心的学科体系，它强调文化的异质性，以"民族国家"为基本的单位，所谓"跨"就是跨越时间和空间的限制，进行两种甚至多种文化之间的接触。但从实际效果来看，是强势文化对弱势文化的征服和吸纳。从媒介的角度而言，它所依赖的是单向传递的报纸、广播、电视和早期互联网等介质。但是，在"新全球化时代"，移动社交媒体的普及让"用户生产内容"（UGC）超越了"专业生产内容"（PGC）的模式，正是从这个意义上我们能够谈论"赋权"，原本被动接收信息的草根受众成为资讯和观点生产与传播的主体，原本处于新闻舆论场边缘的"西方以外的国家和地区"（the rest）成为全球传播不可忽视的一极，这种新型传播生态所带来的异质性的"文化杂糅"或者说"第三文化"成为全球媒介文化的主流，所以"跨"的概念已经不足以概括当下全球文化的复杂性，在两种或多种文化的交流和对话中产生了文化的转型和变异，这就是"转"。优兔（YouTube）上点击量最高的视频《江南Style》，以及爱奇艺制作的选秀节目《中国有嘻哈》，都是文化杂糅的早期尝试。依据转文化传播的理念，我们很难用单一的国家或地区文化作为"标签"和封闭的"容器"模式来指认当下的文化传播实践，这需要学术界用一种全新的视角来重新审视不同于英美模式的"新全球化时代"媒介文化传播中"我中有你，你中有我"的新趋势。

（二）平台世界主义与跨文化传播的范式演变

数字时代的跨文化传播应以对象国的公众互联为抓手，以对话、参与和关系建构为目标。其所秉持的平台世界主义理念与数字传播逻辑更具有适配性。平台在重塑传播关系格局的同时，也使得媒体的新闻资源分配越发向外部需求靠拢，这就将平台导向了受众端。"定制化传播""跨平台叙事传播"等理念体现了国际传播的范式演变。①

"定制化传播"自20世纪90年代起进入学界的视野,其内涵为通过量身定制,充分尊重目标人群的价值观和接受习惯,并经由其所偏好的媒体渠道推送。② 平台媒体为传播者提供了点赞、回复等受众反馈机制,内容生产者可以据此了解受众喜好,为其进行量身定制的精准传播。

叙事传播是赋予受众体验意义的一种基本方式,通过制造意义结构,叙事传播将事件和人类行为组织成一个整体。③ 在此基础上,传播主体可以为受众提供理解世界的"认知基模"(cognitive schema)。在数字时代"信息超载"的媒介环境下,叙事传播能够帮助受众厘清危机状态下纷乱芜杂的信息脉络,为人们开展理性思辨和讨论奠定坚实的基础。

以新冠肺炎疫情为例,世界卫生组织将中国的抗疫行动称为基于本土实践和社会文化语境的"定制化"模式。④ 在此语境下,我国媒体采用了"定制化+叙事化"的传播策略。在"短视频+直播"的媒介传播模式主导的当下,受众在媒介使用过程中往往具有极强的角色代入感,在心理层面上更容易实现基于常民视角的共情传播。中央广播电视总台等外宣媒体策划推出多语种 Vlog 短视频,以常民视角为切入点,展现疫情期间武汉普通民众、外

---

① 史安斌,张耀钟.数字化公共外交:理念、实践与策略的演进[J].青年记者,2020(7):78-81.
② MANOR L. The digitalization of public diplomacy[M]. New York:Palgrave Macmillan, 2019:113-132.
③ HANCOX D.From subject to collaborator:transmedia storytelling and social research[J]. Convergence: the international journal of research into new media technologies,2017(1): 49-60.
④ WORLD HEALTH ORGANIZATION. China shows COVID-19 responses must be tailored into the local context[EB/OL].(2020-04-03)[2021-03-01]. https://www.euro.who.int/en/health-topics/health-emergencies/coronavirus-covid-19/news/news/2020/4/china-shows-covid-19-responses-must-be-tailored-to-the-local-context.

国在华人员的日常生活以及医护人员奋战在一线的工作实况。2020年2月28日推出的《武汉战疫纪》以及4月6日推出的《中国抗疫志》等纪录片在优兔上得到广泛传播,并相继被美国广播公司(ABC)、英国第四频道(Channel 4)、意大利TGCOM24电视台等国外媒体二次传播。① 英国剑桥大学高级研究员马丁·雅克(Martin Jacques)在观看该片后撰文指出,从此次疫情中各国政府的表现来看,虽然各国不会照搬中国的治理体系,但越来越多的国家"将以中国为师"。②

平台媒体的定制化传播既要考虑受众的喜好程度,又要兼顾不同平台的表达逻辑。研究表明,优兔等视频网站被认为具有更强的个人化视角,而推特、脸书等大型社交平台则被看作精英与常民之间进行交流的有效工具。有鉴于此,我国主流媒体在对外报道中引入美国前驻华大使、世卫组织专家等权威信源提供的事实,充分发挥"第三方传播"的优势,相关推文和帖文均获得了较高浏览量。精英叙事与常民叙事在不同类型的社交平台上相互配合,成为疫情期间"跨媒体叙事"理念的重要体现。由此可见,在各种假新闻和阴谋论泛滥的舆论场,外宣媒体只有牢牢把握目标受众的核心关切,充分发挥"定制化及叙事化"的内容生产优势,才能在抵御"信息疫情"的线上阻击战中占据先机,为线下的全球合作"战疫"营造良好的舆论环境。③

---

① 胡正荣,田晓.新媒体时代突发公共事件的国际传播:以新冠肺炎疫情报道为例[J].对外传播,2020(4):7-9.

② 雅克.这部中国抗疫纪录片,让我流泪了[EB/OL].(2020-05-18)[2021-03-01].https://www.thepaper.cn/newsDetail_forward_7445563.

③ HARTLEY J. The uses of digital literacy[M]. St. Lucia:University of Queensland Press,2019:8-35.

三、后疫情时代平台世界主义的实践路径

新冠肺炎疫情的爆发不仅对全球化的历史进程提出了新的挑战,而且为平台世界主义和转文化传播的升维提供了历史契机。在平台世界主义框架下,以"构建人类命运共同体"为主题和以"文化杂糅"为主要形式所呈现的"中国方案"进入全球传播的话语流动之中,体现出鲜明的"转文化"特征和趋势。本文在总结相关对外传播实践经验的基础上,为后疫情时代如何践行平台世界主义勾勒方向性的路径。

首先,应认识到平台之中所具有的权力关系结构,基于平台世界主义理念对其进行关系再造,坚持不同文化主体之间的平等交流,不仅是异质文化间主体,同一文化圈层内也存在着不同的文化取向。为了主动适应草根青年网民的"期待视野",此次疫情期间,海外传播网络的参与者中不乏英国演员"逗逗先生"、中国留学生吴芃这些在疫情期间引起国外社交媒体广泛关注的"网红"。这些活跃于国际传播网络中的"关键性意见领袖"(KOL)在发挥"饭圈"效应、提升信息的到达率和精准度上起到了重要作用。[①] 除传播内容外,平台自身的发展逻辑也应实现由"跨文化"向"转文化"的升维。以 TikTok 在海外市场所取得的成就为例,其在中国市场外的成功消解了西方主流平台通过政治经济手段对平台社会的垄断效应,也规避了强势平台文化的渗入对本土文化的破坏,形成了"平行平台化"模式,即在尊重本土文化的基础上积极调整市场策略,主动适应全球文化市场的多样性需求。

---

① HAGEN L, KELLER T, NEELY S, et al. Crisis communications in the age of social media: a network analysis of Zika-Related Tweets[J]. Social science computer review, 2018(5):523-554.

其次，在开展跨文化传播活动过程中应突破二元结构思维和文化等级观，强调多元主体"共生共荣"。基于此，平台中的对外传播应当从"线性思维"向对话式的网络思维进行转变，弥合当今世界的"分裂网"，基于人类命运共同体价值理念，推动建立起促进人类互通互联、文明交流互鉴的全球传播体系。对于媒体自身而言，在危机管理中发挥枢纽作用也能有效提升其公信力和影响力。依据曼纽尔·卡斯特（Manuel Castells）的"网络社会"理论，风险社会的治理是网络中国家、社会组织以及个体等不同的"单元"相互博弈直至达成利益平衡的过程。因此，媒体通过新闻报道来阐明各单元之间的"链接关系"比聚焦于单元本身更具有启发意义，媒体饱和与信息超载是风险社会的重要表征。在流动的网络空间内，"可见性"是媒体增加自身议程设置能力的切入点。在定制化传播的基础上，媒体应当准确把握用户的"信息依赖"需求，提升自身在网络之中的可见性；充分发挥平台和节点优势，提升各个部门在社交平台的曝光度，在进行内容制作时重点考虑平台的内容生产及发布逻辑。多数平台媒体在设计之初，都以促进连接共享、社会资本生成和有效沟通为核心结构和设计元素，如推特更注重用户节点的相互赋能，Tik Tok等视频平台则鼓励用户进行内容生产。外宣媒体也应考虑不同平台的技术可供性，善于利用不同平台的用户增长逻辑提升自身可见性。

最后，应重视数字平台在不同文化圈层之中的广泛影响力，发挥平台"转文化"潜力。平台的外部性特征能够使其吸引更多主体参与对话，在形成平台优势的同时有助于风险治理中利益共同体的建设。疫情期间，我国媒体作为全球传播网络节点的积极联通者和推动全球抗疫合作的重要行动者，促进风险治理的全球参与，为构建"人类卫生健康共同体"提供了对话平台，在平台网络中拥有更多连接的个体，具有更大的影响力以及话语权。中国国际电视台（CGTN）的《全球疫情会诊室》成为抗疫期间对外传播的品牌栏目，通过连线全球多个国家的专家团队，共享抗疫经验，针对不同国情与社情提供咨询服务。CGTN倡导的媒体与专业人士的"云传播"模式成为全球风险治理的重要成果。该栏目上线5个月，发布的72场直播获2.4亿全球浏览量。

此外，平台媒体也为跨文化主体间的平等合作提供了重要空间。中央广播电视总台希伯来语网红工作室"小溪工作室"与以色列主流媒体合作传播百余次，实现最高收视率超20%，在社交媒体平台成为爆款。在"向世界说明中国"的基础上，中国媒体充分利用"结构洞"的资源优势，夯实网络外部性，在全球社交媒体上有效提升了外宣媒体的国际品牌辨识度。

结　语

在全球性危机事件频发的今天，平台媒体所蕴含的"世界主义潜能"可以使不同国家抛弃国族偏见，建立全球风险共同体。在平台世界主义理念之下，跨文化传播在全球治理中所扮演的角色越发重要，在推动构建人类命运共同体的历史进程中必将发挥更为重要的作用。虽然在后疫情时代传统外宣机构遭到西方联手打压和封堵，面临着严峻的舆论风险和"污名化"挑战，但是我国在抗疫和防疫中所取得的硬核成果以及外宣媒体所发挥的作用逐渐被国际社会接受和广泛认可。如何基于"平台世界主义"和"转文化传播"的升维，推动我国外宣媒体纾困与突围成为当下学界和业界应当关注的重要课题。在"定制化+叙事化"理念的引导下，我们仍亟须强化国际传播的"平台思维"，在统合自身资源的基础上针对关键受众进行内容定制，进一步适配特殊时期国际受众媒介使用偏好的动态性变化，从对外传播中的

"机构角色"向"平台角色"转变。① 近年来数字化平台的蓬勃兴起为我国媒体打破现有国际传播"西强我弱"的"失衡"格局提供了难得的契机,Tik Tok和李子柒等新媒体传播的成功个案值得传统媒体借鉴。在全球风险社会这一"新常态"的时代背景下,如何基于世界主义理念打造更具全球影响力的平台媒体,进一步改善和提升我国国家形象、为实现"两个一百年"的奋斗目标营造良性舆论氛围是未来我国对外传播和公共外交努力的方向。

（编辑：肖劲草）

---

① 史安斌,王沛楠.数字公共外交兴起与广电国际传播能力提升:基于"偶像"模式的分析[J].电视研究,2020(1):6-9.

跨文化传播的平台化转向：
一种技术的政治经济学视角

◇ 姬德强*

摘　要　本文首先简要梳理了作为一个开放的学术空间的跨文化传播研究如何与复杂的全球化和媒介化进程进行历史性互动。接下来，在数字化迈入平台化的新阶段，本文从渠道霸权、内容孵化、网络效应、身份杂糅和地缘政治等角度勾画了垄断性的数字平台如何影响跨文化传播的实践。最后，在融入新媒介思维的现有基础上，本文提出从认识论、价值论和方法论三个层面，实现跨文化传播研究的平台化转向的建议。在这个转向过程中，聚焦数字平台研究的传播政治经济学可以作为跨学科理论创新的重要支撑。

关键词　跨文化传播；平台化；数字平台；政治经济学

---

* 姬德强，中国传媒大学人类命运共同体研究院副院长，教授，博士生导师，媒体融合与传播国家重点实验室（中国传媒大学）研究员，数字伦理研究所研究员，国际媒介与传播研究学会（IAMCR）国际传播分会副主席。

The Platformization Turn in Intercultural Communication: A Political Economic Critique towards Technology

Abstract　As an open and dynamic academic arena, intercultural communication has been amid complex and intensive interaction with globalization and mediation processes. With this historical and relational concern, this article explores how platformization, the new stage of digitization, influences the practices of intercultural communication from a series of perspectives including distribution power, content curation, network effect, identity hybridization, and digital geopolitics. Theoretically, this article suggests that in order to further situate intercultural communication in the age of platformization, shifts in epistemology, axiology, and methodology should be made. Among others, the political economy of communication, as a long-standing critical tradition towards technology, is an important source of reference.

Keywords　intercultural communication, platformization, digital platform, the political economy of communication

导言：跨文化传播的开放空间

作为起源于文化人类学，拥有极强解释性传统的研究领域，跨文化传播从诞生以来就尝试着理解不同文化在深层结构和表层行为等方面的差异与互动。随着社会科学理论和方法的介入,跨文化传播研究也开始融入后实证主义的浪潮,走向基于经验数据的归纳与描绘。与此同时,二战以后兴起的批判传统也从后殖民理论①等角度启发着对跨文化传播实践背后的权力关系的审视。如果从更加形而上的哲学角度把握跨文化传播研究的问题域,单波老师提出应关注主体间传播关系的建构,这主要包括四个方面,即主体间交往的不确定性、群体间接触的他者化、语言间交流的差异化以及文化间的权力支配关系。② 这既包含规范性的讨论,也有批判性的反思。当然,跨文化传播研究的学术史基因中还有一个非常实用主义的面向。其中既有以国家为主体的葛兰西意义上的文化霸权战略,比如二战以后的美国;也有组织,尤其是跨国市场和公民社会组织的沟通效率与管理效能提升策略;还有个人以语言、沟通和适应等为要素的能力提升计划等。随着大众媒体作为专业力量的崛起和以互联网为平台的多元新兴媒介的滥觞,跨文化传播的媒介化进程也获得了广泛关注,成为延伸、反哺乃至重组文化逻辑的崭新变量。

简而言之,作为一个开放的研究领域,跨文化传播自诞生以来就与复线的全球化进程保持着紧密互动,也在与多元学科的交互中夯实了自身的理论基础,拓展着研究的外围空间。在差异被放大、偏见被加剧、交往被悬置的后疫情时代,跨文化传播有着更加沉重的历史使命,在规范重置、知识创新、主体动员、技术采纳等方面,为全球③或区域共同体的建立打造共识性的意义空间和交互性的实践平台。在这个历史脉络和现实语

---

① 姜飞.跨文化传播的后殖民语境[M].北京:中国人民大学出版社,2005:1.
② 单波.跨文化传播的问题域[M]//单波.跨文化传播研究(第一辑).北京:中国传媒大学出版社,2020:1-30.
③ 李怀亮.从全球化时代到全球共同体时代[J].现代传播(中国传媒大学学报),2020(6):1-5.

境中,本文尝试将传播政治经济学在数字时代的一个重要延伸——"平台化"(platformization)研究作为切入点,探讨信息与传播技术如何通过再造传播的物质基础参与跨文化传播的实践转型以及相应的跨文化传播研究的理论转向;与此同时,从以技术或平台为分析对象的政治经济学的结构主义视角,对以意义的构建、分享、协商等为核心的跨文化传播的人文主义路径进行补充。作为一种规范性讨论,本文也希望借此回应超级数字(网络)平台时代①的到来,批判性地讨论其对全球社会信息系统的重构性影响以及相应的文化后果。

一、后疫情与数字平台:跨文化传播的新实践语境

借助互联网由军用到民用的转型大势以及信息高速公路成为国家基础设施的政策潮流,数字化进程在全球快速但不均衡地发展起来。数字化生存也从技术布道者的隐喻转向沉浸式的生活现实。然而,除了不均衡的世界政治经济格局导致的基础设施层面的全球数字鸿沟,数字化的进程也并不如技术进化论者和自由主义者所想象的那样一如既往地带来解放性的潜能。当数字融入和数字排斥同时存在,且均有全球性或地区性的社会乃至文化根源,丹·席勒(Dan Schiller)在《数字资本主义》一书中的担忧就显得充满洞见:"互联网作为拯救者——这一乌托邦表达了一种久远的渴望。用科学知识为历史解毒:真相——信息?——将让我们自由。"②乔迪·迪安(Jodi Dean)进一步运用"传播资本主义"(communicative

---

① 方兴东,严峰.浅析超级网络平台的演进及其治理困境与相关政策建议:如何破解网络时代第一治理难题[J].汕头大学学报(人文社会科学版),2017(7):41-51.

② SCHILLER D. Digital capitalism: networking the global market system[M]. Cambridge, Massachusetts: The MIT Press, 2000: XIII.

capitalism)的创新概念来描绘数字技术所带来的并不是抵抗性或解放性政治,而是"去政治"或"后政治",使得政治变迁愈加困难。① 在此基础上,数字或传播资本主义所带来的更多的是隔离而非互联,导致了更多的个人化而不是共同体建设。在这个意义上,数字化延续了人类传播史中的基本矛盾,尤其是传播如何与社会进行互构,而并不像"技术拜物教"(technology fetishism)所预设的那样,必然引领进步主义的未来。

因此,在宏观的资本主义框架里探讨技术、传播与社会的关系,我们既要看到这一结构性的矛盾,更要看到数字化的历史性。这也是本文的讨论语境。20世纪90年代初以来,在全球新自由主义政策的呵护下,互联网走过了快速发展的近三十年。世纪转换的泡沫年代也没有阻挡其加速扩张的步伐。可以说,互联网通过释放人类社会的交往潜能获得了史无前例的技术性成功,更在"放松管制"的全球政策里成为市场和资本主导的新媒介化传播空间。然而,现代资本主义的驱动力再次将这一新兴媒介导航至权力的集中化轨道上来,也重复验证着垄断化——这一资本主义内在的基因逻辑。与广播电视等基于公共频谱资源分配的垄断性传输平台不同,互联网市场遵循了类似内容市场的垄断化逻辑(比如好莱坞),依托资本的支撑性力量在短期内形成了寡头垄断的全球性和地区性市场结构,并反向干预或重组着传统的媒体格局,缩小了曾经的公共和市场两种媒体制度的显著差别,在可见的市场性和隐约的或不可保证的公共性上渐行渐远。2010年以来,在大数据、云计算和人工智能技术的强力支持下,垄断性的互联网巨头进一步将自身的技术和业务触角伸向包括媒体在内的文化产业之外的社会信息领域,比如教育、医疗、交通和政务等,经

---

① DEAN J.Communicative capitalism:circulation and the foreclosure of politics[J].Cultural politics,2005(1):51-74.

历着可以称为"平台化"甚至"基础设施化"的新转型。它们的角色也从互联网公司转型为"平台公司"(platform company),或称"数字平台"(digital platform)。换句话说,这一转型可以描述为"平台企业在经济、治理和基础设施层面对互联网、应用生态系统的渗透过程"[①]。这个全方位的渗透过程一方面"从根本上影响了文化生产的经济和制度环境"[②],另一方面也形成"平台社会"(platform society),或者将社会锁定或困在超级互联网平台上,被其技术、资本和市场的力量所裹挟和重组。对何塞·范·迪克(José van Dijck)[③]等学者来说,平台社会在走向全球的进程中面临着确保公共性以及化解包括意识形态在内的系统性对立等问题。因此,至少在新冠肺炎疫情爆发之前,全球社会的平台化趋势就已被识别出来,相应的新旧传播问题也浮出水面。2020年初以来,新冠肺炎疫情在全球蔓延。在隔离政策的高压下,全球社会的平台化进程加速,具体表现在三个方面:第一,物理空间内的流动性降低与虚拟空间内的流动性增加同时发生,全球互联网流量大幅增长,数字平台加速扩张,社交媒体、网络视频会议、流媒体音乐、网络购物等新旧平台公司成为全球经济下滑趋势中的最大赢家,实现了高效率的逆向增长;第二,在突发的公共危机面前,在有限的社会重建时空里,在众多国际组织和政府的治理失灵条件下,平台化继续沿着全球数字鸿沟的结构性轨迹前行,目前并未呈现出鸿沟缩小的本质性变化,并顺势造成了"平台富有"和"平台贫穷"之间的全球平台鸿沟(platform di-

---

① DAVID B, THOMAS P. The platformization of cultural production: theorizing the contigent cultural commodity[J]. New media & society, 2018(11):4277.
② DAVID B, THOMAS P. The platformization of cultural production: theorizing the contigent cultural commodity[J]. New media & society, 2018(11):4279-4280.
③ DIJCK J V. The geopolitics of platforms: lessons for Europe[C]. Keynote Speech at 2018 European Communication Conference. Lugano, 2018.

vide);第三,对每个与互联网世界深度绑定的群体或个体而言,数字化生存的曾经正在转向平台化生存的当下和未来,对沉浸式数字技术的系统性使用正在转化为对大型数字平台/公司的系统性依赖,在这一人与技术,或者从更深层次来说,人与资本的主客体关系调整中,平台化彻底重建了连接的逻辑和传播的机制,打造出一个新的依托数据和算法,拥有强大"可编程"(programmability)也就是"自动化"(automation)能力的"计算基础设施"(computational infrastructure)[①]。

基于以上结构性和历史性的梳理与分析,平台化或者数字平台对全球范围内的跨文化传播的影响主要源于其对社会信息系统的重组,而新冠肺炎疫情的爆发和蔓延加速了这一重组的进程。如果说跨文化传播研究处理的是人与人、群体与群体、社会与社会之间,尤其是我们与他者之间的关系问题[②],那么,在逐渐深度平台化的全球信息和交往生态中,这一关系正在被一种结构性乃至垄断性的力量所干预,那就是商业驱动的、拥有强大资本和技术能力(尤其是算力)、主导整个网络世界的数字平台,而我们每一个人,不管是我者还是他者,都是这个平台数据的消费者和生产者。与此同时,世界也逐渐进入一个超越人类中心主义的人机对话新时代。从一个更极端的角度而言,如果没有数字平台,人类社会的大多数跨文化交往行为将无从发生,尤其是在新冠肺炎疫情这种全球性公共危机所导致的物理隔离常态化之下;如果没有人的存在,而是日渐成熟的人工智能技术及其主导的机器人在参与乃至主导网络世界的交往,那么对以人为中心的文化边界的甄别是否还有意义?或者说,跨文化传播是否还

[①] ANNE H.The platformization of the Web:making Web data platform ready[J]. Social media + society,2015(2):1-11.
[②] 肖珺.新媒体跨文化传播的中国实践研究[M].北京:中国社会科学出版社,2018:31.

会存在，抑或仅仅存在于线上和线下之间？还是沦为数据主义和算法威权的生产力？在这个意义上，我们是否可以想象，全球数字鸿沟是否依托数字断连也在一定意义上挽救或者保护了跨文化传播的物理交流空间？以上都是从对技术的政治经济学批判的角度延伸出来的规范性问题，尚无实践层面的系统性支持，但这一技术社会或技术文化趋势确是显而易见的。除了这一无法脱离的连接性和依附性，数字平台还从哪些方面显著影响着跨文化传播的实践？

第一，渠道霸权，包括平台垄断与平台分化。数字平台的垄断性主要基于其渠道霸权，也就是对信息流通和社会交往渠道的全方位截流与整合。不管是个体的、群体的还是组织的，曾经多样化的传播渠道都在数字平台依托资本和技术能力而强力下沉的过程中被截断和重组。比如，在资本、技术乃至政策战争之后，传统出租车行业已经成为打车平台的优秀成员，传统视听内容制作行业也被整合进视听分发平台的垂直生态中，更不用说制造业在电子商务乃至短视频、直播平台面前羸弱的议价权。通过把控互联网世界的入口，数字平台成功主导了社会信息系统。当然，我们需要注意的是，平台垄断是和平台分化共生的，即在单一平台无法垄断全部社会信息生活和掌控所有计算基础设施的前提下，各个行业都在平台化的进程中形成了单一平台主导的格局，另外有部分跨行业平台在进行"八爪鱼"式扩张。以中国为例，前者如滴滴和美团，后者如微信和支付宝；在国际范围内，前者如亚马逊和优步，后者如脸书和微软。至少从业态的角度而言，综合性和专业性平台的垄断局面业已形成。然而，值得进一步关注的是，就上述平台公司的资本结构来说，融合而不是分化，集中而不是分离，也许才是真实的状态。

第二，内容孵化，包括多边供需与权变生态。对数字平台来说，基于其内在的商业性,那些具备流量生产力的内容往往成为被技术扶持的对象,从而形成了看似人(比如网红)与平台在流量商品化和货币化上共赢的局面,但后面跟随的却是众多贡献了流量却无法被算法给予稳定收入的底层数据劳工。虽然他/她们也在满足着、享受着平台所带来的展示、交往和群集的需要与乐趣,但却无法掩盖平台在主导和利用多边供需关系以及权变性的内容商品来最大化流量经济的盈利动机。需要说明的是,我们这里谈到的"平台资本主义"[1]逻辑并不能完全替换文化逻辑,我们也可以轻易发现基于网络平台的充满动能的跨文化传播实践,比如多元文化主义、网络民族主义、二次元文化等,而要看到平台动能与文化逻辑的互动关系,一方面要强调跨文化传播本身被数据化为平台资本的生产力;另一方面也受到这一商品化的内容孵化机制的影响,不得不遵循某些宰制性的"技术代码"(technical code)[2],从而倾向于去技能化和机器化或自动化,以更加利于广泛的分享、分发和转发,而不是服务于跨文化传播的沟通和达成共识的目的,这往往加剧了文化间的矛盾和冲突,在现有文化价值之外创造出基于新的虚拟连接性的新文化集群和相应的传播现象。

第三,网络效应,包括流量逻辑与算法推荐。数字平台大多以"网络效应"(network effect)为最终的运营目标,以保证最大化的流量收益和垄断性的市场地位。为了达成这一目标,算法和算力被置于生产力的核心位置。接着上文有关内容孵化的分析,算法,这一计算基础设施的核心,借助大数据的持续滋养,在平台公司的技术倾向之下,逐渐成为平台社会里最具影响力的信息流通把关人、关系网络搭建者和信息茧房建造者。在

---

[1] NICK S.Platform capitalism[M].Polity,2017:1.
[2] ADELINE B. Review technosystem: the social life of reason[EB/OL].(2018-03-26)[2021-03-04]. http://logosjournal.com/2018/review-andrew-feenberg-technosystem-the-social-life-of-reason.

大多数情况下,算法的终极目的就是实现网络效应,让人们在平台上花费尽可能多的时间。就具体平台而言,算法的机制和倾向也往往不同。比如,社交媒体平台更注重关系的深度培养和一个相对封闭的虚拟社交网络空间的建设;视频分享平台更注重情绪激发和共鸣,是一种明显的情感经济模式;电子商务平台更注重消费习惯的全方位打造和消费信息的全流程服务。在这个前提下,跨文化传播虽然有着突破时空局限进行互联的可能,却往往被限制在算法所推荐的内容和关系里,成为数字平台实现网络效应的构成性力量。

第四,身份杂糅,包括参与文化与圈层流动。如上文所述,数字平台上的跨文化传播往往受到算法的干预和重塑,在平台培育的内容生态中成为充满变动性的产品,并从结构上服务于网络效应的达成。因此,参与者的身份杂糅现象变得愈加明显。首先,借助最底层的连接性潜能,数字平台上的跨文化参与在规模和范围上实现了历史性的突破。通过发布、讨论、观看、聆听、消费、游玩等方式,全球网民可以在互联网上与任何地理空间限制之外的媒介化文化形态进行互动,呈现出身份的快速流动性和杂糅性。其次,这一互动尽管存在,但却需要与数字平台的内容孵化逻辑和网络效应目的保持一致,只有这样才能获得加持,否则将成为平台内容系统中的活跃但边缘性组成部分。在这个意义上,参与文化尽管有着传播的解放性潜能,但却遭遇了数字平台设置的流量天花板。最后,由于上述结构性限制,大多数基于数字平台的跨文化传播往往沦为文化内传播。这里的文化内传播一方面包含线下文化群体的线上化,这些文化群体依然保有自身的文化结构和文化价值;另一方面涉及基于网络表达和行动的表层性以及不稳定的群集性而出现的多样化的第三种文化,是一种流动性的圈层化传播,看似开放而多样,实则封闭而脆弱,散点式地存在于数字平台的传播生态中。

第五,地缘政治,包括平台对立和数字冷战。这也许超越了一般的跨文化传播逻辑,但却日渐成为全球平台系统内部的新的结构性矛盾,并反过来为传播、交流和沟通设置了冰冷的政治性障碍。新冠肺炎疫情在某种程度上加剧了这种平台对立,尤其是中美之间的数字地缘政治,使得正常的文化交往被悬置,阴谋论在网络空间散布,新自由主义的市场主体被政治化并被推向数字冷战的前沿,基于数字平台的跨文化传播成为政治攻讦的话语合法性来源。Tik Tok 就是其中一个典型案例。除此之外,算法及其带来的自动化内容产制也加剧了这一文化对立,它虽然隐蔽于后台,但也将平台的政治倾向推向前台。师文、陈昌凤就曾以推特为例,分析了社交机器人在国际范围内的操控舆论行为,而"不同议题的自动化操纵程度存在差异"。两位作者进一步提出,"在传播内容上,社交机器人的存在可增加人类用户对于特定信息的接触;在用户交互层面,社交机器人可以成功渗入社交网络,改变既有的信息交互结构"[①]。尽管文章没有进一步超越地缘政治的逻辑追溯这一自动化机制的内在动能,但结合上文有关数字平台的分析,以及将之视为一个计算基础设施,我们不难发现,这一干预或操控仍然应该服务于其网络效应的达成和对用户的黏附,也凸显了特定数字平台及其用户共同构成的一种带有倾向性的舆论生态。

二、平台化转向:跨文化传播研究的创新可能

在数字平台的垄断性影响下,在新冠肺炎疫情的系统性干预下,跨文

---

① 师文,陈昌凤.分布与互动模式:社交机器人操纵 Twitter 上的中国议题研究[J].国际新闻界,2020(5):61.

化传播的实践在很大程度上也正在经历平台化的进程。换句话说,跨文化传播从主体、内容到渠道都开始融入或者说依赖数字平台主导的新型社会信息系统或信息基础设施。这个设施本身由商业利益驱动,以网络效应为目标,无法保证公共性或共享性。另外,跨文化传播也日益受全球范围内数字地缘政治的裹挟,带有更多的政治性意涵。在这个背景下,跨文化传播研究也需要超越单一的媒介中心主义思路,从考虑新媒介如何与跨文化传播进行互嵌或互动的传统路径中走出来,系统性考察数字平台如何从底层的信息传播的角度主导跨文化传播的时空再造,也相应地影响了我们与他者以及各个族群、阶层、性别之间的交往方式和意义建构。研究路径的转型中,技术的政治经济学不可忽视。

其一,长期以来,跨文化传播研究确实关注了新媒介或新技术在跨文化传播实践中的重要角色。比如,陈国明(Chen Guoming)认为这一新兴领域包含如下三个维度:民族和族群文化对新媒介发展的影响,新媒介对文化和社会身份的影响以及新媒介(特别是社交媒介)对跨文化不同方面的影响。① 罗伯特·舒特(Robert Shuter)进一步提出了新媒介研究是跨文化传播的新前沿的论断。他认为,这一新的前沿领域——包含新媒介与跨文化传播、文化与新媒介两组关系——将集中探讨跨文化接触的数字理论,改善和拓展20世纪的跨文化传播理论以及挖掘数字世界中的突出问题。② 肖珺则以更加宏观的学术视野追问了"新媒体跨文化传播"的理论脉络,聚焦于跨文化传播的边界从民族国家走向网络社会,跨文化传播的主/客体呈现出异质性、多样化的对立统一,跨文化传播的方式是媒介融

---

① CHEN G M.The impact of new media on intercultural communication in global context[J]. China media research,2012(2):1-10.
② SHUTER R. Intercultural new media studies:the next frontier in intercultural communication[J].Journal of intercultural communication research,2012(3):219-237.

合下的共享、互动和创新,跨文化传播中的文化认知意味着数字文艺复兴等话题;除了这一基于个体解放的理论预判,她还提出了新媒体跨文化传播的一系列现实困境,包括自由与伦理的两难、开放的时空与抗拒性的文化认同以及上升的理性与强化的自我言说的矛盾。[①] 在很大程度上,这一跨文化传播研究的新媒介延伸往往基于两个理论假设,一个是新媒介所挖掘的个体化的跨文化传播潜力,尤其是在多平台广泛参与和虚拟社群的自主性建立方面;另一个是身份问题的流动性和杂糅性以及跨文化交往的多边不确定性。在价值立场上,新媒介对跨文化传播的作用往往被认为主要是正面的。除此之外,此类研究往往以解释学和社会科学的方法为主,批判性分析较少。基于上述简要梳理,也许,我们可以提出,现有的有关新媒介的跨文化传播研究仍然存在技术的盲点,对技术的历史性、生产性和背后不平等的政治经济权力结构及其对跨文化信息流动、身份认同和社会交往的系统性影响缺乏深入理解。早在 1994 年,阿图罗·埃斯科巴(Arturo Escobar)在一篇题为《欢迎来到网络世界:网络文化人类学笔记》的文章中就提出了比较类似的观点,"我们要认真仔细研究围绕技术与技术驱动的话语和实践以及由技术创造的新的社会现实,并采用民族志的方法考察网络文化实践、文化根基对新技术的塑造以及网络文化的政治经济结构"[②]。因此,我们也许可以说,技术的问题意识早就在跨文化传播研究的视野中,只是需要考虑将其放置在怎样的讨论框架里,而本文认为,至少需要从单一的工具性或媒介化框架中走出来,进入更加宏观的技术批判领域,尤其是在少数垄断性数字平台主导全球传播生态的

---

① 肖珺.新媒体跨文化传播的中国实践研究[M].北京:中国社会科学出版社,2018:31-52.
② ESCOBAR A.Welcome to cyberia:notes on the anthropology of cyberculture[M]//LEAH P M,ROCHE J,DOFF S.Communicating across cultures in cyberspace:a bibliographical review of intercultural communication online.Münster:LIT Verlag,2004:48.

当下。

其二，如何将平台化的视野纳入跨文化传播研究，实现一种宏观意义上的技术性转向？本文尝试性地提出如下认识论和方法论建议，以及可能的跨学科融合路径。

从认识论上说，跨文化传播研究需要进一步超越源自文化人类学、语言学以及后来包括媒介研究在内的人文学科和社会科学理论所坚守的"文化本质主义"（cultural essentialism）的深层思维模式，打开文化的构成空间，尤其是思考新的信息与传播技术及其背后的政治经济驱动力如何参与甚至引导文化表达与跨文化交往。

从价值论上说，跨文化传播研究需要持续反思"民族中心主义"或"国族中心主义"（ethno-centrism）立场在理论和实践上的复杂面向，尤其是在新冠肺炎疫情所激发的遍布全球的民粹主义浪潮之中。在全球传播的平台化转型语境下，这一反思更需要结合对数字平台的地缘政治批判，以及对算法驱动的数字民族中心主义自动化产制的警惕。

从方法论上说，跨文化传播研究需要在考虑技术与文化互嵌的基础上，进一步清理"技术中立主义"的影响，吸纳批判的技术哲学等理论传统，持续解构技术的社会和文化过程；与此同时，要更加关注技术的生产性，尤其是数字平台如何通过规训用户来孵化符合自身政治经济目标的内容生态和人类社会的线上交往方式，特别是特定互联网平台如何在经济动能和政治合法性的互构框架里，主动孵化内容（文本和关系），创造跨文化的或称超越文化差异的第三种文化，或设立一种可以被称作"超文化回声室"[①]的新传播边界。

---

① 姬德强.李子柒的回声室？社交媒体时代跨文化传播的破界与勘界[J].新闻与写作，2020(3):10.

为了达成上述学术宏愿,相应的理论创新也需要跟进。从平台化研究的角度来说,传播政治经济学近年来将数字平台当作对信息化资本主义批判的理论增长点,尤其关注资本和市场力量在其中所扮演的重要角色。如果跨越不同文化边界的传播实践以及虚拟文化社群日渐成为数字平台上内容商品化的重要组成部分,那么多元、沟通与相融的文化逻辑是否也受此影响,变得更加遥不可及?

(编辑:肖劲草)

互联网社区中的易受骗社群：
虚假信息与认知失调

❖〔法〕于格·欧梯也/著　胡湉湉/译　张春雨/校*

摘　要　本文参考社会表征理论和认知失调理论，探讨网络社群中的孤独现象与易受骗问题。当涉及信息（或故意的虚假信息，disinformation）传播时，社交网络催生了一个虚拟社群，本文称之为"易受骗社群"。同时，在网络上获取信息的便利性，使得这些信息具有吸引力，容易被轻信。这导致了在对待网络信息的时候，信念替代了批判性的检验。

关键词　故意的虚假信息；信仰；阴谋；易受骗；社会表征；认知失调

---

*　于格·欧梯也（Hugues Hotier），法国波尔多第三大学信息与传播学荣休教授，塞内加尔达喀尔国际大学研究生院兼职教授；胡湉湉，武汉大学新闻与传播学院博士研究生；张春雨，武汉大学新闻与传播学院讲师，武汉大学媒体发展研究中心助理研究员。

The Internet in the Land of the Gullible

Abstract This article proposes to examine whether the network society brings us together or merely hosts our solitudes. The answer, when it comes to information (or disinformation), is that social networks contribute to creating a virtual community, which the author calls "a community of the gullible". To be examined in turn are the ease of access to information on the Web, which makes these information attractive, and a predisposition to gullibility which tends to substitute belief for critical examination. The theoretical apparatus will refer to the sociological theories of social representation (Durkheim, 1898) and cognitive dissonance (Festinger, 1957).

Keywords disinformation, belief, conspiracy, gullibility, social representation, cognitive dissonance

引 言

传统媒体比如印刷品、广播或电视等,通常都具有意识形态或政治倾向,这是众所周知的。一方面,几乎所有的新闻工作者都是根据新闻的两个基本原则来操作的,即对信息来源的验证和信息的优先顺序。这两个原则可以确保报道的可靠性。然而,在允许匿名的条件下,社交网络上有些信息的来源和可靠性都是未知的,但是社交媒体的可信度似乎越来越高。很多人会对传统媒体的新闻报道进行分析、批评甚至质疑,但却可以不经过任何批判性思考就接受社交网络上的信息。至少有两个因素导致这一现象的产生,一是网络中信息获取的便利性,二是受众容易上当受骗的倾向。互联网是把我们团结在一起,还是仅仅承载着我们的孤独?社会表征理论和认知失调理论可以提供一些理论解释。

一、社会表征与认知失调

社会表征理论源于 1898 年由社会学家埃米尔·涂尔干(Émile Durkheim)提出的"集体表征"(collective representations),该理论被著名社会学家丹尼斯·乔德莱特(Denise Jodelet)定义如下:"社会表征是知识的一种形式,由社会成员创造和共享,它有一个实际的目标,推动一个社会共同体的成员共同构建一个社会现实。"[1]比如,很多不幸的非洲移民都认为欧洲是他们的乌托邦,因此他们逃离了非洲,但是欧洲却拒绝他们进入,有人甚至死在了地中海。

为什么会有人盲目认为互联网上的信息是可靠的呢?是什么强化了人们对互联网的信任,在何时这种信任又会被质疑?认知失调理论可以解释这些问题。这一理论是由社会心理学家利昂·费斯廷格(Leon Festinger)在 1957 年定义的。[2] 该理论指出,当一个人言行不一致时,他可能会感受到一种不愉快的紧张感,为摆脱这种认知失调导致的紧张感,他会采用一种无

---

[1] JODELET D. Les représentations sociales [M]. 6th ed. Paris: PUF, 1989: 53.
[2] FESTINGER L. A theory of cognitive dissonance [M]. Stanford, CA: Stanford University Press, 1957.

意识的策略。这一点在利昂·费斯廷格、亨利·里肯（Henry Riecken）和斯坦利·沙克特（Stanley Schachter）1956年发表的田野调查著作《当预言失败》①中得到了验证。法国社会学家杰拉尔德·布朗纳（Gérald Bronner）也举了一个认知失调的例子。② 有一个神秘的家庭主妇，在当地的一家报纸上宣传其接收到了来自天堂的萨南达神的信息，她预测12月21日会发生海啸，从北极圈到墨西哥湾将形成一个内海，同时从华盛顿州的西雅图到智利的西海岸都会被洪水淹没。研究人员渗透到她和她的教派中，从内部对其进行观察。这些教派人员认为人类将灭亡，只有他们会成为"被选者"，会事先被飞碟带走。然而，当那一天到来的时候，没有任何末世或飞碟的迹象，媒体从教派中一名"神圣"告密者那里得到了一个解释（"神圣"，因为隐藏在萨南达名字后面的正是耶稣）：根据萨南达-耶稣所说，该组织拥有极高的灵性水平，以至于洪水被取消了！不要笑。这种解释使该群体摆脱了由认知失调引起的痛苦，从而获得了费斯廷格所说的积极的和谐。该群体能够证明其存在和其行为的合理性，通过进一步的阐明之后，他们终于意识到自己是在拯救人类。的确，这不是什么好笑的事情，因为网络上经常充斥着这些故事和解释，尽管这些故事和解释毫无意义，但却可以塑造信念。

因此，通过这两个理论框架，本文提出以下假设：为了避免孤独，互联网用户不惜任何代价采取相关策略以培育社群共享的情绪。

接下来本文转向研究互联网使用特征，并以反疫苗接种的宣传来举例。

---

① FESTINGERL, RIECKEN H, SCHACHTER S. When prophecy fails [M]. Minneapolis, MN: University of Minnesota Press, 1956.
② BRONNER G. Déchéance de rationalité [M]. Paris: Grasset, 2019: 189-195.

二、通过网络获取信息

在提笔写这篇文章前,我需要找一些相关资料。我的个人图书馆里有书和杂志,但这还远远不够,需要借助互联网这一宝库。为了在互联网上搜索相关资料,我必然要使用搜索引擎。谷歌是当前最强大的搜索引擎,"在法国和美国,90%的网络搜索使用谷歌"[1]。另外,我们知道谷歌的算法可以根据用户之前的搜索记录去匹配其想要的检索结果。如同安东尼·德·塔尔(Antoine de Tarlé)引用马克西姆·德斯·加耶(Maximme des Gayets)的那句话,"谷歌会根据搜索引擎已经记录下来的用户的搜索兴趣去向用户投放特定主题的相关信息。因此,哪怕两个人检索的关键词相同,也可能得到不同的结果"[2]。这说明其实用户的自由非常有限,搜索选择也是有偏见的。

此外,在法国大学出版社(Press Universitaires de France)2013年出版的《易受骗者的民主》(*La démocratie des crédules*)中,盖拉德·布朗纳(Gérald Bronner)指出,"谷歌上许多主题检索的前30个结果中,有60%到70%的网站都在捍卫信仰,而不是科学"[3]。作者认为,"在这种情况下'未决定'的人很有可能会受到这种'信息超市'的结构方式的影响"[4]。

谷歌于1998年在美国加州的硅谷成立,它试图"整合全球信息,使人人皆可访问并从中受益"[5]。谷歌拥有5万名员工,主要通过广告赢利。当用户发现他们收到的广告被有效地定位时,他们自然感到担忧。从谷歌精准的广告投放可以看出用户的搜索数据如何被分析和利用。

---

[1] TARLE A. La fin du journalisme ? [M]. Ivry-sur-Seine: Les éditions de l'atelier, 2019: 19.
[2] GAYETS M. La grande dépossession [M]. Paris : Fondation Jean Jaurès, 2018: 21.
[3][4] BRONNER G. Déchéance de rationalité [M]. Paris : Grasset, 2019.
[5] 引自维基百科"Google"词条。

2013年7月4日,一个与谷歌竞争的搜索引擎Qwant在法国诞生了,它在保密方面的政策与谷歌截然不同。Qwant在2018年5月26日更新的声明中写道:"Qwant的核心理念是竭力保护你的隐私。我们不会使用Cookies或其他跟踪设备来跟踪您的浏览习惯或描绘您的个人画像。在2016年4月27日更新的欧盟隐私保护法规和法国隐私保护法律的要求下,您的权利将会受到保护。更重要的是,与我们的竞争对手不同,我们永远不会收集大量的个人数据,我们也不会因为跟你所需的服务相关而使用您的个人信息。当您使用我们的搜索引擎时,我们从不试图知道您是谁或您做什么。当我们必须收集数据时,我们不会对外公布或转售它用于商业或其他目的。我们只有向您提供服务时使用您的数据。"[1]

虽然谷歌是一个搜索引擎,允许使用者访问各种作者或中介生产的信息,但正如其名称所示,社交媒体的目的是将个人或法人聚集在一起。参与者以作者或传播者的身份生产和分享他们的信息。比如,特朗普总统就经常使用推特(Twitter)。推特创建于2006年3月,允许用户向关注他们的"粉丝"发送不超过280个字符的短消息。

2004年由哈佛学生创建的脸书(Facebook)"号称每天有12亿次点击量,每月有20亿用户使用脸书"[2],但实际的数据其实比这个还多。在脸书上,信息是通过你关注的"朋友"传递的。他们可能是这些信息的作者,也可能是信息的传播者或中间人,就像谣言一样,接收到的信息在不知道其来源的情况下被传输给他人。这些匿名的、未经核实的信息就包括谎言、诽谤和诬告。社交网络成为阴谋论发展得最好的地方。

---

[1] Politique de confidentialité [EB/OL].(2018-05-26)[2020-10-22]. https://about.qwant.com/fr/legal/confidentialite/.

[2] TARLE A. La fin du journalisme ? [M]. Ivry-sur-Seine: Les éditions de l'atelier, 2019:37.

脸书有一个独特的准则,其禁止发布任何裸体的内容,即使来自世界名画,但其对暴力内容反而比较包容。在巴黎的奥赛博物馆里,有一幅居斯塔夫·库尔贝特(Gustave Courbet)的画作《世界的起源》。库尔贝特通过描绘女性的裸体来表明女性是世界之源,刻画女性的母性而非色情。但是对于脸书来说,不管这幅画是不是艺术品,裸体就意味着色情,因此该幅画不会在脸书上显示。相反,2019年3月15日,在新西兰克赖斯特彻奇市两座清真寺杀害50多人的恐怖分子在枪击过程中录像,并在其视频被优兔(YouTube)截取之前,在脸书上直播了他枪击的过程。视频最终被撤掉,但它已然被"共享"了。在网站管理员发现和干预之前,该视频已经被重复播放了很多次,变得不可控了。这就是众所周知的互联网病毒般传播的力量。正如维基百科所描述的,"脸书经常成为政治、法律、经济、文化和社会辩论的对象。它在公共领域的影响力以及它对用户社会生活的影响方式、对个人数据的使用、在传播假新闻中的作用、对减少仇恨言论的责任、对违反自身规则的内容的不作为,或者它的内容监管政策,都经常在新闻中被讨论"[①]。

在某种程度上,互联网用户的心理状态就像看摔跤比赛的观众。20世纪70年代,当职业摔跤在欧洲流行时,笔者选择了这一"体育秀"作为研究课题,并发表了一些论文。作为一场"体育秀",摔跤比赛就是一个优秀的、拥有良好的教养和公平竞争精神的摔跤运动员与一个常常打破规则、在各方面都很邪恶的对手较量,并且裁判对这些作弊违规行为视而不见。这样的场面是如此沉重,以至于观众无法真正相信比赛的结果,除了粗俗的喜剧或闹剧,也看不到拳台上发生的其他事情。这场秀犹如一场假演出,像戏剧一样经过精心排练,模拟所有状况,以唤起观众真实的情感。

类似的,媒体每天都在证明互联网上有很多不可靠的信息,但这似乎并

---

① 引自维基百科"Facebook"词条。

不影响网民对网络的信任。互联网上是否存在用户的盲目信任,甚至是轻信呢?作家兼剧作家让-克洛德·卡里埃(Jean-Claude Carrière)在其《信仰》一书的开篇中写道:"让我们现实一点。经过长期的斗争,信念现在战胜了知识。几乎在世界各地,招募科学家正变得越来越困难。可能除了中国和印度,学生们已经放弃了科学的科目。在任何地方,包括这里,各种各样的信仰都在扩散、强化,诱骗、入侵和攻击我们……在法国,令人惊讶的是,20世纪末的文盲比一百年前更多了。"①

对互联网的盲目信任主要源于理性的衰退吗,如果不是因为智力衰退的话?法国哲学家阿兰(Alain)认为,"信仰"(belief)这个词是用来表示"没有证据的确定性的通用词"②。接下来,本文转向讨论是什么心理导致人们相信其在互联网上搜寻到的东西,这些东西的哪一部分让他们更愿意相信,他们有多容易上当受骗,以及互联网是如何让用户接受其在网络中找到的信息的。

三、轻信的倾向

前文已经简单提到了搜索引擎和社交网络上的一些诱骗的方式。但是,当科学与信仰产生冲突时,还应该评估参与者在社交网络上留下的痕迹。沃特·夸特罗乔基(Walter Quattrociocchi)等人写了一篇非常有趣的文章(下文会有更多的讨论),探讨疫苗接种与自闭症之间的关系。该研究发现,在意大利的脸书上,阴谋论倡导者的活跃度是反对者的三倍。③ 阴谋

---

① CARRIERE J C. Croyance [M]. Paris : Odile Jacob, 2015: 7.
② CARRIERE J C. Croyance [M]. Paris : Odile Jacob, 2015: 10.
③ ALESSANDRO B, et al. Trend of narratives in the age of misinformation [J/OL]. Plos One, 2015(8). https://www.ncbi.nlm.nih.gov/pmc/articles/PMC4537127/.

论倡导者的人数并不多,但他们表达意见的频率更高,因此在网络上更为可见。他们有时还会使用不同的假名。然而,信息的数量极为重要,正如马克西姆·德斯·加耶所指出的那样,"持续不断的信息流会削弱信息的接收者对于有用和无用信息的辨别能力"①。

认知失调理论可以解释为什么人们会容易轻信互联网上的信息。费斯廷格的田野调查表明,为了避免失调的不适,我们的潜意识会寻找保持连贯性和认知协调的方法。"换句话说,人类总是倾向于减少他们的表现系统和他们的行为或信息之间的矛盾,特别是当这些行为或信息可能会否定其信仰时。"②因此,信息越是强化了浏览者的观点,就越容易被接受。发现自己的观点被社会所认同,就如同证明了自己的智力水平。

除此之外,哗众取宠(sensationalism)也可以使人们变得易受骗。很久以前,在我年轻的时候,我写了一篇关于黄色报刊的博士论文,这些报纸发表一些空洞但吸引眼球的文章,报道电影或音乐名人的丑闻和私生活。在正规报纸已经失去读者的时候,这些小报的销量相当不错。人们对报纸上平庸的内容不太感兴趣,但对具有挑衅性的报道很感兴趣。这种哗众取宠的方式也出现在网络上,只是稍有不同,即关注内容而不是形式。内容越涉及丑闻、越煽情,它被阅读、记住和分享的机会就越大。谁在乎它是虚假的、不可信的?2018年3月9日发表在《科学》上的一项研究分析了2006年至2017年推特上被300万用户转发450万次的12.6万条信息,发现无论是关于恐怖主义、自然灾害、科学、都市传奇,还是金融的话题,"谎言比真相传播得更快"③。

---

① GAYETS M. La grande dépossession[M]. Paris: Fondation Jean Jaurès, 2018: 35.
② BRONNER G. Déchéance de rationalité [M]. Paris: Grasset, 2019: 188.
③ SOROUSH V, DEB R, SINAN A. The spread of true and false news online [J]. Science, 2018(6380): 1146-1151.

这样的现象使得社交媒体上的消息变短,因为用户想立即知道信息的核心观点,而不是进行分析。肤浅的阅读使得用户不会想要真正深入地研究主题。简而言之,用户只想要结论,而不是试图去理解。很多人认为脸书就足以让他们了解外界的情况。在法国,36%的互联网用户依赖社交网络获取信息。① 根据2019年1月的一项调查,47%的35岁以下的年轻人表示他们的大部分信息都是通过脸书、推特、色拉布(Snapchat)和照片墙(Instagram)获得的。②

肤浅的阅读鼓励了格言警句的流行,这些被广泛接受却没有实质内涵的陈词滥调在社交媒体上被人们快乐地分享。许多互联网用户更倾向于寻找简洁的、与其信仰合一的信息,这样他们才能确保可以理解并解释这些信息。因此,所有的阴谋论都可以简单概括为:"即使真相隐藏在我们面前,我们也不会被愚弄。"事实上,心理学中有不少关于认知偏差的研究。两位法国学者出版了一本易读但又深刻的书,书中列出了许多认知偏见。③ 他们用"意向性偏见"来解释阴谋论,即认为别人的行为是有意图的。正如皮埃尔·安德烈·塔吉耶夫(Pierre André Taguieff)所说:在阴谋论的思维中,通常会发现一种普遍的认知机制,即意向性(intentionality)的归因。因此,仅仅那些使人尴尬的行为被解释为侵略行为,存在敌意的倾向。换言之,当一

---

① TARLE A. La fin du journalisme ? [M]. Ivry-sur-Seine: Les éditions de l'atelier, 2019: 47.
② 这是法国公共舆论研究所出具的一份调查报告,该机构受极左的Jean Jaures基金会领导,在阴谋观察网(Conspiracy Watch)的领导下对工人运动和民主运动进行研究。阴谋观察网是一个阴谋和阴谋论的观察者致力于分析阴谋信息的法国网站。Enquête de 2018 sur le complotisme. [EB/OL]. (2019-01) [2020-10-20]. https://fr.wikipedia.org/wiki/Conspiracy_Watch#Enqu%C3%AAte_de_2018_sur_le_complotisme.
③ BEAUVOIS J, JOULE R-V. Petit traité de manipulation à l'usage des honnêtes gens [M]. Grenoble, France: Presses Universitaires de Grenoble, 2014.

个意愿或决定被仅归因为幸运或意外的,就存在意向性偏差。① 杰拉尔德·布朗纳在谈及信仰导致的理性丧失时补充道:"阴谋论是逻辑的一种形式,它无法处理比想象中更加混乱的世界的复杂性。通过对事件的回顾性梳理,阴谋逻辑试图揭示独立元素之间虚构的关联性。正如实验心理学所表明的,把世界的麻烦归咎于一种邪恶,并指向一个可以战斗的敌人,这样更容易被人接受。这就给粉碎阴谋论添加了可实现的英雄主义的色彩。"②

下文将以反疫苗接种的阴谋宣传作为案例来论述。

1998年,著名的英国医学评论《柳叶刀》上发表了一项研究。该研究表明,MMM疫苗(预防麻疹-腮腺炎-德国麻疹)可能导致自闭症。尽管该研究在方法论上存在一些缺陷,但这一假设在社交网络上被撒网式传播开来,并被视为一个有效的研究结论。2004年,12位作者中的10位撤回了他们在这篇论文的署名,因为缺乏足够的数据证明MMM疫苗和自闭症存在关联。该研究的负责人,英国外科医生兼研究员安德鲁·韦克菲尔德(Andrew Wakefield)被控告在数据处理上犯有欺诈罪。随后,韦克菲尔德因利益冲突被定罪,因为他曾从参与起诉疫苗生产商的律师那里获得一笔钱。2010年1月,韦克菲尔德因学术不端被英国总医学委员会开除,此后韦克菲尔德名誉扫地。几个科学团队曾检测过他的研究,然而到目前为止,所有的结果都表明自闭症和MMM疫苗之间没有联系。③ 此外,记者布莱恩·迪尔(Brian Deer)在《英国医学杂志》上揭露了韦克菲尔德在着手创建一家反疫苗公司,他试图寻找希望赚大钱的投资商,借助商业化筛查测试和让专

---

① TAGUIEFF P-A. Court traité de complotologie [M]. Paris:Fayard,2013.
② TAGUIEFF P-A. Court traité de complotologie [M]. Paris:Fayard,2013:168.
③ Vaccins:les Français sont les plus sceptiques au monde [EB/OL].(2019-06-19)[2020-10-23]. https://sante.lefigaro.fr/article/vaccins-les-francais-sont-les-plus-sceptiques-au-monde/#fig-page.

家参与医患纠纷来赚钱。① 韦克菲尔德在2015年移民到美国。他的研究导致在那些麻疹患病率和死亡率高的地区,疫苗接种率反而下降了,尤其是在美国和法国。美国民调机构盖洛普(Gallup)2019年6月公布的一项调查显示,三分之一的法国人认为疫苗是危险的,五分之一的人认为疫苗是无效的。而且,在被研究的144个国家中,法国是对疫苗接种持怀疑态度者最多的国家,尽管在现实中对疫苗的抵制并不那么明显。

互联网在过去和现在的反疫苗运动中扮演了什么角色呢?当我们在谷歌上搜索"疫苗"和"麻疹"这两个词时,出现了187个相关链接。我们根据内容的中立、支持或反对态度进行分类。例如,我们将按年龄接种疫苗的标为"中立",或将纽约州宣布进入卫生紧急状态并强制接种疫苗的决定标为"中立"。我们认为的支持(MMM疫苗接种)的态度则如法新社(Agence France Press)于2019年2月16日发出电讯,驳斥了一个谣言:"不,美国法庭尚未'确认'接种麻疹的疫苗会如SantéNutrition网站在本月被分享6000次的文章中所说的会'导致自闭症'。该网站的报道是错误的,美国法庭并没有确认麻疹疫苗和自闭症之间的联系。此外,对这一课题的研究从未发现过这样的联系。"支持疫苗接种的态度又如法国网站Slate.fr上的一篇关于全球谣言及其对公众健康影响的长篇研究文章。② 迄今为止,这些支持疫苗接种的内容链接数量最多,而反对疫苗接种的却很少。少有的反疫苗接种的链接见http://www.infovaccin.fr/zoom_rougeole.html(全国疫苗接种自由联盟)或https://www.sante-nutrition.org/tag/rougeole/(SantéNutrition,其错误

---

① 参见https://www.bmj.com/content/342/bmj.c5258;https://fr.wikipedia.org/wiki/Andrew_Wakefield。
② GARRETT L. Au found, le mouvement anti-vaccination est fondé sur la notion de privilège [EB/OL].(2019-03-16)[2020-10-23]. http://www.slate.fr/story/174666/complot-epidemie-rougeole-hausse-morts.

引述美国法庭已宣布 MMM 疫苗会导致自闭症,另一个较老的网站则称德国最高法院已得出结论,认为麻疹病毒不存在)。

事实上,谷歌上检索到反疫苗接种的链接并不多,一是因为它们的数量不多,二是因为反对者更喜欢在社交网络而不是网站上传播。在社交网络上,信息通常被感兴趣的人分享,他们以滚雪球的方式传播这些信息。它们仅仅被发送给被标识的收件人。正如 2019 年 3 月 4 日《巴黎人报》(Le Parisien)上发表的一篇文章所述:"大多数时候,他们并不认为自己是'反疫苗接种者',而是'疫苗接种的自由主义者'。在社交媒体上,他们不分青红皂白地分享有关婴儿'注射'疫苗后死亡的文章,儿童接种疫苗后可能生病的照片,或是被英国指责的有关疫苗危害的纪录片。这些家长在网上越来越活跃,他们的身份已被当局识别。当局曾发出警告说,麻疹可能在法国卷土重来。然而这些自由主义者并不担心,因为他们声称'有权处置自己的身体',并谴责'疫苗接种教条'。全国公民健康协会联合会主席雅克·贝辛(Jacques Bessin)曾说道:'我的两个孩子,现在分别是 16 岁和 19 岁,从来没有接种过疫苗,他们看医生的次数也比其他孩子少。'他的证词与其他类似的证据被许多家长发布在社交媒体的'信息'页面(实际上是反疫苗接种宣传)上,以方便脸书成员转发。还有一位名叫玛琳(Marlène)的家长评价道:'人体有自己的免疫力,世界上所有的疫苗绝对不是预防性的。小时候,我得了麻疹,一种良性疾病。所以我和我的女儿仍然免疫。'"

反对疫苗接种的论点通常有三种:哲学的、科学的、经济的。哲学的论点很简单,即个人可以自由处置自己的身体,并按自己认为合适的方式治疗,而不必强制接受治疗。虽然绝大多数的医生和政府当局认为,接种疫苗是一种社会责任,因为病毒携带者可以传染给周围的人。科学上的论点则认为,疫苗接种反而可能导致麻疹以外更严重的疾病。比如,MMM 疫苗可能会导致自闭症,就像几年前乙肝疫苗被认为会引发多发性硬化症一样。①而经济方面的论点则普遍谴责政府当局和制造疫苗的实验室在合谋将疫苗商业化,通过强制接种疫苗来获利。

结　论

　　技术在不断发展,并放大了人性本能中的表达潜力。人们通过学习和使用发现互联网是一个庞大的数据库,为我们提供更多渠道来获取知识。互联网上内容的重要性和多样性以及索引的质量都为人们获取信息提供了极大的方便。相反,当人们变得肤浅,而且只对文字和事物的传播感兴趣时,互联网就成为大肆兜售"真理"或不分青红皂白进行诽谤的地方。早在公元前 7 世纪,伊索(Aesop)就曾说过,语言既是最好的东西,也是最坏的东西,"它可以让你指导、说服、指挥一个集会,也能帮助主持辩论、滋生审判、助推战争、散播诽谤和谎言"。互联网看似让我们团结在一起,但它创建的社群连接通常是肤浅的。而且,当互联网用户认为自己结识了一群朋友并加入他们时,却发现大家只是各自孤独地聚在一起,仿佛是在做一场愚蠢的交易。

(编辑:张春雨)

---

① STEVENSON,H. Scientifiquement prouvé:le vaccin anti-hépatite B DETRUIT les cellules du foie... un comble![EB/OL].(2012-08-18)[2020-10-23]. http://initiativecitoyenne. be/article-c-est-prouve-le-vaccin-anti-hepatite-b-detruit-les-cellules-du-foie-un-comble-109224685.html.

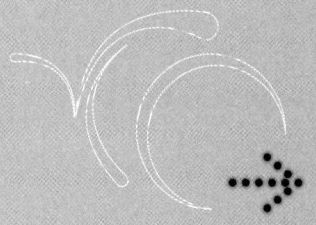

理论评析

康德与跨文化交流的哲学基础*

◆ 杨云飞**

摘 要 跨文化交流对于构建和谐的人类共同体意义重大,但其自身尚需要一种普遍的学理基础。康德哲学作为普遍主义的典范,可以在两个方面夯实跨文化交流的思想基础。首先,康德思想中以友好交往和追求永久和平为内涵的世界公民理念,表明了跨文化交流是一种合理的规范性要求。其次,在自我与他者互动中达到理性一贯性的启蒙思维准则,给出了如何进行跨文化交流的基本规则。两者共同解答了跨文化交流的可能性问题。无论是基于世界公民理念的交往主张,还是启蒙与批判的原则,都以人类理

---

* 本文系国家社科基金一般项目"康德法权哲学基本问题研究"(项目号:19BZX104)的阶段性成果。
** 杨云飞,武汉大学哲学学院教授,德国哲学研究所所长。

性的成熟为目标和理想,具有世界主义色彩。康德式的世界主义不受限于特定的文化立场,体现出普遍的理论效力,构成了跨文化交流的哲学基础。跨文化交流则反过来提供了实现康德式哲学理想的上佳手段。

关键词 康德;跨文化交流;世界公民;启蒙思维准则

Kant and the Philosophical Foundation of Intercultural Communication

Abstract Given its significant role to the construction of a harmonious human community in reality, intercultural communication currently still needs a universal theoretical foundation. As a model of philosophical universalism, Kant's philosophy can provide the philosophical foundation of intercultural communication in two aspects. First of all, the idea of world citizenship in Kant's thought with the connotation of friendly communications and the pursuit of perpetual peace shows that intercultural communication is a reasonable and necessary normative requirement. Secondly, the principles of enlightenment thinking to achieve rational consistency in the interaction between oneself and the other constitute the basic rules of how to conduct intercultural communication. The problem of the possibility of intercultural communication can be well dealt with by these two key elements of Kant's philosophy. Both of them take the maturity of human rationality as their goal and ideal, and have a cosmopolitan implication. Kantian cosmopolitanism, not restricted by any specific cultures, demonstrates universal validity and constitutes the philosophical basis of intercultural communication. Intercultural communication, in turn, provides an excellent means to realize Kantian philosophical ideals.

Keywords　Kant, intercultural communication, world citizen, principles of enlightenment thinking

特别是从20世纪90年代以来,高歌猛进的全球化进程塑造了一个深度融合的世界。但当下,世界因新冠肺炎疫情(后文简称"疫情")和其他各种缘由而变得隔离,经济、文化诸领域中原本火热的交流相对停滞了。就疫情应对而言,抛开政治制度等相对硬性的因素不说,文化认同是影响各国抗疫措施,造成各国抗疫成效参差不齐的重要因素。在世界各部分高度融合又狂暴撕裂的现时代,跨文化交流的重大意义和可能限度格外凸显。如果我们把跨文化交流(intercultural communication)①视为来自不同文化观念、价值体系和符号系统的人们之间的互动、理解乃至融合,那么这种交流对于构建和谐的人类共同体之意义是无与伦比的。毕竟,沟通与理解是和谐共存、共同发展的第一步。

但这里同样存在着疑难问题。跨文化交流的主体往往是不同社群、国

---

① 本文所讨论的跨文化交流,亦可作跨文化传播。两者原则上不必区分。之所以采用跨文化交流这一术语,主要是考虑到汉语中的传播似乎有单向的、从中心向边缘扩散之意味,交流则含有更多双向、互动的意味。另外需要说明的是,文化概念亦有其复杂性。文化包括语言、价值观、宗教信仰、共同的历史、风俗习惯、社会组织等组成部分;而某个族群、国度或宗教共同体的人所拥抱的共同文化可视为主导文化,该文化内部往往有亚文化或群体文化。本文主要从国族和宗教认同等宏观方面看待文化。

度的人们,他们各自拥抱所在共同体的文化。考虑到人们习惯于停留在自己的舒适地带,难以走出其共同体的文化,再考虑到文化本身的组成较为复杂,跨文化交流的可能性始终是个问题。从现实层面看,弱势(边缘/从属)文化在面对强势(中心/主导)文化时,迫于生存等压力,或许会接受不对等的交流,选择向对方学习,甚至激进地质疑或否定自身的文化。但也有相当的可能性,弱势一方会选择固守自身文化,对抗强势文化。这种对抗甚至会以蒙昧的、极端暴力的方式呈现出来。这在当前常以宗教冲突的形式出现。前一段时间,在法国发生的一位中学教师因某幅宗教先知的漫画而被当街斩首的惨剧,更是显示出潜藏在文化冲突之中的暴力因子。反过来,一种强势文化在习惯了对世界发号施令之后,面对某种曾被轻视的异质文化崛起时,通常很难接受后者确有可取之处的事实,更难以放下身段,与后者对等交流。也许现实会惩罚这种文化的傲慢,但傲慢的文化即便在受到惩罚之后,也很可能"口服心不服",不接受文化交流应该是交互的这一规范要求。

　　这里的问题是:鉴于人们总是已经置身于某种文化中并受限于该文化的视域,对于跨文化交流,我们似乎很难找到一个共同的学理上的基础。这个基础必须不受限于群体和文化的差异,可以被一切有理性者心悦诚服地接受。笔者相信,若要满足这一要求,值得考虑的应是一种普遍主义的(哲学)理论。作为普遍主义的典范,康德哲学也许可以为我们提供一些灵感。康德思想体大精深,可资利用的资源较多,本文出于为跨文化交流奠基的理论旨趣,从中选取一二。康德哲学至少在如下两个方面提供了跨文化交流的理论基础:第一,法权与思想双重意义上的世界公民之交往的权利,论证了交流的哲理前提,可用来解决为什么要进行跨文化交流的问题;第二,批判与启蒙思维的互主体(inter-subjectivity)准则,构成了交流的基本原则,可用来解决如何进行跨文化交流的问题。这两项纯然哲学性的阐释,共同解答了跨文化交流如何成为可能的问题,将构成本文的主干内容(第一、二小节)。在此基础上,本文第三小节将澄清康德式哲学基础之特点,并说明跨文化交流对于实现康德的人类理性成熟之理想的重要意义。

一、世界公民、交往的权利与跨文化交流的哲理前提

在康德哲学中,世界公民概念扮演着重要的角色。我们甚至可以把康德哲学定性为一种世界公民的哲学。康德所说的世界公民具有双重含义:一是人们较为熟悉的、在康德政治哲学的相关论著中得到较为充分的阐释的法权意义上的世界公民概念;二是一种相对受人忽视的、思想意义上的世界公民概念。法权和思想双重意义上的世界公民概念,以友好交往为其基本内容,以和平与人类理性成熟为诉求,提供了跨文化交流的哲理前提。换言之,跨文化交流是由人的世界公民身份而产生的规范性要求。

我们首先来看法权意义上的世界公民之含义。在其著名的《论永久和平》一文中,康德以高度理想主义的方式,提出了一种实现永久和平目标的哲学规划。这一规划包括三个层次的正式条款:每个国家的公民宪政应当是共和制;国际法权建基于自由国家的联盟;世界公民法权应当被限定在普

遍友善的条件上。① 与本文主题直接相关的就是世界公民法权。追随康德的论述,我们需要关注这样三个问题:世界公民法权的内容是什么？其政治目标是什么样的？更深层次的旨趣或终极目的又是什么？

第一,世界公民法权到底指什么？简单地说,就是交往的权利。在《论永久和平》中,康德将世界公民法权(Weltbürgerecht)限定在"普遍友善的条件"上,而友善意味着"一个外地人不由于自己抵达另一个人的地域而受到此人敌意对待的法权",所以,这是"一种所有人都享有的造访法权"(Frieden AK8:357-358)。在《道德形而上学·法权论》中,康德同样把世界公民法权(ius cosmopoliticum)界定为一切民族、一切人源始地拥有的相互交往并受到友好对待的法权(MdS AK6:352)。这种法权缘起于人们共同拥有地球表面之状况,或者说,我们因共享同一个家园而应当友好来往。康德还提醒读者,现代以来,随着全球各民族的联系日益密切,任何地方发生的侵犯权利的事件都会得到关注;为此,世界公民权利并非幻想和夸张,而是国家法权和国际法权的必要补充,借此方可促成公共人权(Frieden AK8:360)。在资讯即时扩散的互联网时代,康德的这一评论尤其显得切中肯綮。总之,从法

---

① 参看 WERKE K. Zum ewigen Freiden [M]//Herausgegeben von der Königlich Preußischen Akademie der Wissenschaften.Berlin: Walter de Gruyter, 1968:348-360. 为方便读者核对,在引证康德时,笔者将列出论著名称的德文简写,并按学界惯例给出科学院版《康德著作全集》(简写为 AK)的卷数及页码。论著名称与简写对应如下:《论永久和平》:Frieden;《道德形而上学》:MdS;《回答这个问题:什么是启蒙》:Aufklärung;《什么叫做在思维中确定方向？》:Denken;《世界公民观点下的普遍历史之理念》:Geschichte;《论俗语:这在理论上可能是正确的,但不适用于实践》:Gemeinspruch;《一项哲学中永久和平条件临近缔结的宣告》:Verkündigung;《判断力批判》:KU;《纯粹理性批判》:KrV;《道德形而上学奠基》:Gr。中译文引自李秋零编译的《康德著作全集》第 6—9 卷(北京:中国人民大学出版社,2007—2010)、邓晓芒的《三大批判合集》(北京:人民出版社,2009)和杨云飞的《道德形而上学奠基》(北京:人民出版社,2013)。笔者有时会对译文稍作改动,不再一一注明。

权角度看待世界公民身份时,其内核乃是彼此友好交往的权利。

第二,世界公民法权的直接目的乃永久和平。康德提出,"对和平的这种普遍而持久的创建,不只构成了纯然理性界限内的法权论的一个部分,而是它的全部最终目的"(MdS AK6:355)。按照康德的理论规划,实现永久和平的方式是建立合乎法权规则的国内、国际和人类秩序。作为政治理想的世界公民社会,将是一种完全摒弃暴力的、由法权规则主导的和平的共同体。这种规划将权利思维贯彻始终:目的(和平)与手段(法权)必须统一。

第三,从终极目的来看,建立一个世界公民社会,是一种准备或铺垫,最后是为了充分实现人类理性的禀赋,或达到理性的成熟。由于个体生命的短暂与有限,人类理性成熟这一任务,只能在族类而非个人的意义上逐步实现。实现这一任务,"也许需要一个难以估量的世代序列"(Geschichte AK8:18)。在这个过程中,世界公民状态的实现为人类道德理性的禀赋之发展准备了条件,或提供了"母腹"(Geschichte AK8:28)。

以上为法权意义上世界公民理念的含义。思想意义上的世界公民理念亦不容忽视。鉴于政治秩序与认知秩序之间的对应性①,两种意义上的世界公民理念的主要规定应是类似的。可以推知,思想意义上的世界公民的三种规定性分别是:第一,以交流为要务;第二,以理性讨论的方式实现学术事业中的"永久和平"(真理);第三,服务于理性禀赋的成熟这一最终目的。

第一,思想意义上的世界公民,致力于以书面著作或口头论说的方式将自己的思想表达出来,与公众交流。这对应于造访并受到友好对待这一世

---

① 如同当代知名康德研究者奥尼尔所揭示的那样,在康德思想中,理性的训练(即不僭越地、合乎原则地思考)与政治的训练(即成为守法而自由的公民)之间具有对应性。无论是秩序的建立与失落,认知与实践(政治活动是其中之一)之间均具有对应性。毕竟,无论是理论理性,还是实践理性,无非是同一种理性的不同运用而已。参看奥尼尔.理性的建构:康德实践哲学[M].林晖,等译.上海:复旦大学出版社,2013:3-35.

界公民法权的内容。康德在《回答这个问题:什么是启蒙》一文中,将这种无限制的思想交流称为理性的公共运用(Aufklärung AK8:37)。人与人之间思想的自由交流,正体现了思想意义上的世界公民"权利"。这种交流,甚至要优先于表达。① 康德这样论述交流的重要性:"如果我们不是仿佛和彼此相互交流的思想的共同体一道思考,我们的思维会有多少内容,具有多大的正确性呢!"(Denken AK8:144)可以说,如无交流,则我们的思考既空洞,又易于陷入错误。鉴于这种重要性,康德曾以庄重的口吻把彼此交流称为人的一项天职(Gemeinspruch AK8:144)。

第二,如同构建世界公民社会是为了实现政治上的永久和平,作为思想意义上的世界公民,人们通过彼此的交流与论争,同样力图实现永久和平,亦即获得真理。从实现方式上看,两者都应拒绝战争与暴力,走合乎法权的道路。在发表于1796年的一篇短文中,康德曾以类似于描述政治生活中的战争与和平(暴力与法权)的方式,刻画了哲学中的战争与和平,亦即学派论战与理性论争(Verkündigung AK8:414)。康德相信,人们通过永不停歇的理性论争,借助批判与划界,可在认知与实践之间找到恰当的平衡,走上真理与德性的康庄大道。

第三,理性批判与自由交流促成理性禀赋自身的成熟。这是因为,理性作为原则的能力,其运作就意味着规则与秩序。只要是自由的、基于理性的论辩和交流,而非强力的威压,则无论最终的结果如何,唯一的胜利者都是

---

① 这是康德思想区别于乃至超越于一般自由主义言论自由之主张的地方。汉娜·阿伦特(Hannah Arendt)和奥诺拉·奥尼尔(Onora O'neill)这两位出色的当代女性哲学家充分注意到了康德的这一立场,并按此思路解释康德的批判哲学:交流或交往,而非表达,才是康德的着眼点。可分别参看 ARENDT H. Lectures on Kant's political philosophy [M]. Chicago: The University of Chicago Press, 1982:39-40;奥尼尔.理性的建构:康德实践哲学[M].林晖,等译.上海:复旦大学出版社,2013:36-64.

理性自身。为此,康德这样鼓励基于理性的自由论争:"只管让你的论敌展示出理性来吧,仅仅使用理性的武器来与他战斗吧!"(KrV A744/B772)理性论争是最有成效的交流方式,是实现理性禀赋的最佳道路。如同奥尼尔借用"理性政治学"这一术语所提出的:理性的训练与政治的训练之间具有对应性;公民同伴间自由的、批判性的、普遍的论争,塑造了理性及其原则的权威,最终促成趋向理性的成熟。①

让我们回到跨文化交流这个主题。笔者认为,双重含义上的世界公民之理念,确证了(jusitify)跨文化交流的合法性与必要性。世界公民的理念,不仅表达了交往的合法性:我们有权交往;也呈现了交往的必要性:我们需要通过交往以建构善的共同体。从世界公民的角度来看,任何人均具有交往并受到友好对待的权利,并且负有彼此交往以促进自身理性成熟的义务。简言之,交往的要求既是权利,又是义务。这是对交流的哲理基础的一般论证。落实到跨文化交流这一主题,后者作为我们这个时代差异群体间最重要的交往方式,其合法性与必要性当然可以在世界公民理念的基础上得到辩护。若是从法权的层面来看,跨文化交流首先可被看作世界公民法权的衍生物。造访并受到友好对待的交往法权,在跨文化交流中亦应得到体现。由此,跨文化交流属于人的基本权利。其次,作为一种规范性要求,跨文化交流应当以和平、理性的方式进行(哪怕从历史事实上看未必如此)。最后,这种交流最终将服务于人类理性禀赋成熟的目标,促成人类的自我改善。如果我们从思想意义上的世界公民角度看,可以得到相同的结论。

值得补充说明的是,这种论证既适用于个体,亦适用于群体或文化。处于不同文化中的个体是跨文化交流的基本单元。但广而言之,群体、文化等均可作为交往的行为主体(agent)。跨文化交流的康德式哲理基础适用于这

---

① 奥尼尔.理性的建构:康德实践哲学[M].林晖,等译.上海:复旦大学出版社,2013:3-35.

些不同的主体。按照单波教授的观点,跨文化传播具有丰富的问题域,可从"主体间、群体间、语言间、文化间"多方切入;进而言之,跨文化传播建构的思维路径,则可沿着主体间、文化间、文化互动、文化多样性等层次深入。①笔者认同这些观点,并相信这已经预设了个体、群体或文化均可被视为类似的行为主体这一立场。

如果说世界公民理念和交往的要求表明了跨文化交流的前提,那么接下来的问题很自然地就是应当如何进行跨文化交流,或跨文化交流的基本规范应当是怎么样的。对此,我们或许可以从康德关于启蒙与批判的思维准则的论述中获得启发。

二、启蒙的思维准则与跨文化交流的基本原则

康德的批判哲学通常被视为18世纪启蒙思想的顶峰。康德对于启蒙给出了一种广为接受的定义:"启蒙就是人脱离他自己所招致的不成熟的状态。……Sapere aude!要有勇气使用你自己的理智!这就是启蒙的格言。"(AK8:35)人类理性的成熟,人之得以成人,按照康德的看法,正是依赖于启蒙,依赖于独立、自由和批判性的思考。启蒙与批判,有着共同的道路与共同的目标。在此,我们仅限于考察启蒙与批判的思维模式,这种思维模式展现出如何在自我和他者之间达到理性一贯性,可以被用作不同文化在交流时所应遵循的原则。

启蒙与批判的思维准则,指的是我们主观上有意识地采纳何种思考规

---

① 可参看单波.跨文化传播的问题域[M]//单波.跨文化传播研究(第一辑).北京:中国传媒大学出版社,2020:1-30;单波.跨文化传播的问题和可能性[M].武汉:武汉大学出版社,2010:26-27.

则。一般来说,这无非意味着"独立思考"或"自己思维"(selbst denken)。康德曾这样写道:"在任何时候都自己思维的准则,就是启蒙。"(Denken AK8:147)这也是学界对于康德式启蒙思维的常规理解。① 笔者认为,这可视为康德启蒙观念的初步含义。康德启蒙思维方式的完备内容涵盖更广。在《判断力批判》中,康德曾这样描述人类理智的思考准则:"1.自己(独立)思维;2.在每个别人的地位上思维;3.任何时候都与自己一致地思维。第一条是摆脱成见的思维方式的准则,第二条是扩展的思维方式的准则,第三条是一贯的思维方式的准则。"(KU AK9:294)②这些准则才是康德式启蒙和批判思维的完备表述。试详述之。

第一个准则是自己独立思维。其反面是依赖于成见,不敢独立思考。康德相信人类最大的成见是迷信,无论是迷信超自然的解释,还是迷信宗教和政治权威。启蒙,在其最直接、最本真的意义上,就是拒斥成见、拒斥权威。这是康德时代颇为通行的启蒙观念。伏尔泰还曾针对传统宗教权威发出战斗的宣告。就此而言,康德持有18世纪启蒙思想家的典型立场。这一思维准则意味着以我为主,从自身视角观照世界,免受权威和迷信的误导。这是一种以自我为中心的思考方式,是狭义的启蒙。

第一个层次的启蒙思维方式,仍不是自足的。首先,按照康德本人的刻画,这只是人们在使用其认识能力时的"一个否定的原则",或"理性的自保准则"(Denken AK8:146),还不足以体现理性的成熟。人们可以提出这样

---

① 可参看 ALLISON H. Kant's conception of Aufklärung[M]//Essays on Kant. Oxford: Oxford University Press, 2012:229-235;托多罗夫.启蒙的精神[M].马利红,译.上海:华东师范大学出版社,2012:50;叶秀山.启蒙与自由:叶秀山论康德[M].南京:江苏人民出版社,2013:128-144.

② 类似的表述,在康德著作中至少还出现过三次,可参看《实用人类学》(AK7:200;AK7:228-229)和《逻辑学》(AK9:57)。

的疑问:第一,凡是权威和成见所赞同的,我都要对之说"不"吗?成见是否有其合理性?第二,独立思考有没有可能只是固执于自己的成见?无论是自己认知的偏见,还是自身利益造成的立场的扭曲?自己的判断是否同样需要被反思和质疑?这两种局限,其实可以归结为一种,即受限于自身的视角,自以为是。为了消除自我中心的危险,人们需要走出个体"独白"的状态,扩展至更普遍化的思维方式。这就是启蒙思维的第二个准则:在每一个别人的位置上思维。

第二个准则,简单地说,是从他者的角度来反思自身的判断,从而获得一种更为普遍的理解。康德提出,这里所涉及的是"合目的地运用认识能力的思维方式",亦即反思性的思维方式;其内容意味着:"把如此之多的其他人如同被封闭于其中的那些主观个人的判断条件都置之度外,并从一个普遍的立场(这个立场他只有通过置身于别人的立场才能加以规定)来对他自己的判断进行反思。"(KU AK9:295)这被康德称为"扩展的思维方式"。

如何进行扩展的思维?大致包含三个步骤。第一,置身于别人的立场。我们倾听他人的想法,了解他人的感受,与他人交换理由,获得对他人的理解。第二,尽可能地扩展,置身于更多他者的立场来思考。这意味着不断排除诸他者各自的主观性,走向更为开放的立场,尽可能达到普遍性。第三,从普遍立场反思自身的判断。这是由他者的立场反观、评判自己,理解自身判断的意义和限度。由这些步骤可知,这是一种以他者为中心的思维方式。

借助从他者反观自身,我们获取对他者的理解,意识到自身判断的局限,实现一种更为公允的评判。康德曾这样写道:"我总是希望,能够通过从他人的立场出发,无偏见地考察我自己的判断,从而创造出某种比我原来的判断更好的东西。"①可见，一个扩展了的心智会对自身的限度有充分的认识。阿伦特将这作为典型的批判性思考：自我批判。②

在他者位置上思考，为我们走向一种真正具有普遍性的判断，即一贯的判断，铺平了道路。我们之所以需要继续推进自身的思维，至少有两方面的原因。一是他人的立场也可能是偏见，如简单接受之，很可能只是用他人的偏见代替自己的偏见。我们还需要从他者的立场抽身出来，对他者的立场进行反思。二是启蒙和批判的目标在于理性的成熟，而懂得从他者角度思考问题的心智固然比沉溺于"独白"状态更成熟，但依然不够成熟。真正的成熟应立足于每个人自身理性的充足性。为此，我们还需要回到自身，一贯地思考。

对于最后一条"任何时候都与自己一致地思维"之准则，康德的解释侧重于如何实行之。他提出："第三条准则，也就是一贯地思维的原则，是最难达到的，也只有通过结合前两条准则并经常遵守它们以至变得熟练之后才能达到。"（KU AK9:295）很清楚的是，一贯地思维涵盖了自己思维和在他人的位置上思维这两种思维方式。要实现理性能力的完备运用，必须在接纳、反省自身与他者立场的基础上，最终"与自己一致地"思考。

对此，我们可以借康德本人给出的一个实例稍加说明。在《道德形而上学奠基》中，康德曾借助意愿上的冲突来论证我们为什么有道德义务去帮助他人（Gr AK4:423-424）。如果以三个层次的思维来重写康德的论证，那么，我们之所以不愿意将冷漠旁观的准则普遍化，正是基于自己思维、站在他人立场思维、一贯地思维这样一个逐步推进的思考过程。首先，我们自己在困

---

① 出自康德给友人的书信，参看康德.彼岸星空：康德书信选[M].李秋零,译.北京：经济日报出版社,2001:39.

② ARENDT H. Lectures on Kant's political philosophy[M]. Chicago：The University of Chicago Press,1982:43-44.

难情况下会想要得到帮助。这相当于立足于自己的处境来思考。其次，我们换到处于困境中的他人的位置上，可以判断他们想要得到帮助；或者我们换位至旁观者，设想他们将如何判断。这是站在更多他者的位置上思考，获得更为普遍的立场。最后，我们反躬自问，如果我们愿意自己得到帮助，却在他人需要帮助时冷漠旁观，那么自己在意愿上能否一以贯之，还是会陷入自相矛盾？这就是与自己一致地思维。按照这一程序思考，答案显而易见。必须注意的是，这里首要的关切并非利益，而是在与他者的互动中能否保持自身意愿的一贯性。正是通过一贯的思维，我们确认了帮助他人的义务。

可见，一贯的思维（der konsequenten Denkungsart）乃是与他者互动、调适中的"一贯"，这种思维方式之实质在于交互性或相互性（reciprocity）：不同主体在互动中达成一致（哪怕只是假想的）。[1]理性一贯性思维的准则，是康德式启蒙思维方式的完备体现，可被视为广义的启蒙。真正的启蒙思维包括三个层次：摆脱成见、独立思考；在他者位置上反思性地思考；一贯地思考。这也是真正的批判性思考。附带说一下，康德哲学的基本原理，或许正是理性本身的一贯性。我们可以从批判哲学各主要部分找到一贯性思维的原则。理论理性的一贯性，既表现为逻辑规律的同一律等形式要求，更体现为康德对科学认知界限的澄清。就实践哲学而言，道德法则及其相应的普

---

[1] 当代康德主义者亦给出了类似的操作方式。比如，罗尔斯所构想的原初状态下的协议，可以视为实现康德思想中所蕴含的交互性要素的尝试（RAWLS J. A theory of justice [M]. Cambridge, MA：Harvard University Press, 1999：156-157）。康德主义心理学家科尔伯格所设想的多重交互换位思考，同样是一种可行的做法（KOHLBERG L. The philosophy of moral development [M]. New York：Harper & Row Publishers, 1981：190-226）。

遍化检验是典型的一贯思维方式之体现。① 在某种意义上,鉴赏判断亦可理解为追寻一贯性:鉴赏者希望有权要求他人认可自己对美和崇高之判断,要求得到普遍认同。

在康德式的启蒙与批判思维的准则中,自我与他者的意义均得到了充分的体现。如果我们把这一准则运用于跨文化交流,可以得到跨文化交流的基本规范:基于相互性的协调一致。处于不同文化中的个体,交流时可以采纳康德式的思维准则,接受一贯性思维的指导。这意味着,人们不能止步于自身文化认同,还应当换位思考,理解其他人的文化诉求,反思自身的限度,最终在自我与他者之间达到融通。如果我们把交流主体转换为群体或文化,这些准则同样是适用的。文化间互动同样需要贯彻理性一贯性的思维准则。总之,这是一种一般的跨文化沟通和理解的模式,适用于各类交流主体。

在自我与他者之间秉持理性一贯性的准则,可以为跨文化交流确立共同底线,能够超越特定文化立场的限制,克服若干交往的障碍。某些文化的自我封闭(固执于传统、缺乏反思),某些强势文化的自以为是(不愿换位思考、不愿从他者尤其是弱者角度思考),都会导致交流各方各执己见,难以达成一致,甚至陷入文化冲突。这些难题往往可以借助批判思维加以解决,至少可以得到缓解。理性一贯性的思考准则若能逐步被接受,跨文化交流至少可以促成更多沟通或者谅解,进入良性的互动。假以时日,文化间应可达成更充分的理解与融合,并借此促成人类整体的和谐。

---

① 邓晓芒教授提供了一种类似的解释康德的模式。他以逻辑的一贯性来说明康德理论哲学和实践哲学的共同原理。他提出,康德的道德原则是以知识和逻辑的规范,特别是形式逻辑的同一律和不矛盾律为基础建立的,"自律在逻辑上的表达就是自由意志的同一性和不矛盾性的规律"。邓晓芒.康德的道德形而上学及其与儒家伦理的比较[J].道德与文明,2020(2):5-15.

三、康德式哲学基础的特点与跨文化交流的意义

考虑到与跨文化交流的可能关联,上文阐释了康德哲学的两个理论要点:以交往为内容的世界公民理念;在自我与他者互动中达到理性一贯性的启蒙思维准则。作为哲学性的普遍理论前设,前者阐明了人类交流的合理性,后者给出了如何交流的规范。落实到跨文化交流这个更加具体的课题上,则前者为跨文化交流提供了哲理前提,后者可被视为跨文化交流的指导原则。两者共同回答了跨文化交流如何可能的问题。

无论是基于世界公民理念的交往主张,还是启蒙与批判,其共同的目标均为人类理性的成熟。在康德的理论视域中,成熟的理性,应既是独立自主的,又是向他者敞开的,是在反思中一以贯之的。这种理性成熟的目标,既适用于个体,亦适用于群体,适用于人类整个族群。这是一个高度理想化的目标,需要人类作为一个整体持续努力。由于其理想性,对于跨文化交流而言,这种理性成熟的目标具有持久的引领作用。

跨文化交流的康德式哲学基础具有鲜明的特点。它不仅确立了基于世界公民理念的交往的共同底线:彼此友好对待;而且建立了基于相互性的普遍交往规则:在自我本位与包容他者之间达到理性一贯性;并最终树立了具有普适性的终极目标:人类理性禀赋的成熟。值得特别指出的是,这种康德式的哲学基础在论证(justification)上没有文化负担。从原则上说,康德的哲学构思在文化上是中立的,并不预设任何特定的文化立场,也无须为特定立场背书。其理论效力亦不受限于特定的文化语境,而是具有普遍性。鉴于上述特点,我们也许可以把这种哲学基础称为"康德式的世界主义"。

在此,有必要回应一些典型的质疑。兹举两例:第一,康德式哲学基础

是单主体主义的;第二,康德式哲学基础会消灭文化个性和文化差异,不利于文化多元。这些质疑都可以得到恰当的回应。第一种质疑在哲学研究者和跨文化传播研究者中均可见到,他们或把康德的理论视为缺乏互主体维度的意识哲学,或将其定性为绝对主义的单边模式。① 这恐怕是对康德的误读。如前面的康德文本阐释所显示的,无论是交往的权利,还是达到理性一贯性的思维准则,都充分体现了相互性的诉求,凸显了他者的意义。至少就这两个关键的思想要素而言,康德式哲学基础并非单个主体独白式的,而是互主体的、对话式的。

第二种质疑则忽视了这一事实:康德式的世界主义并不建基于某种特定的文化,亦无意于为某种文化张目,只是着眼于建立共同的底线。无论是世界公民理念,还是启蒙思维准则,康德并未在实质内容或论证效力上诉诸特定的文化前提。人们无须先行皈依某种宗教(比如基督教),才可接受康德的观念。接受康德的观念,也并不会推动人们接受某种特定的价值(比如儒家的孝道)。这里的规范性要求只在于确立彼此友好对待的底线。持守底线之后,不同的文化完全可以求同存异,或自行其是。

当然,如果不同文化的"原住民"忧虑的是康德式共同底线会不会消除某些文化个性,那么,需要追问的反而是,这些个性能否经得起友好交往和相互性要求的检验。若是以文化多元的名义实际上拥抱的乃是封闭、排他与仇恨,这样的多元不要也罢。跨文化交流的首要关切就是确立共同的底线,使同情之理解得以可能,使友好交往可以延续。如果某种文化的特定价值戕害了这种底线,那么应当反思的是这种文化,而不是前者。

---

① 哈贝马斯.包容他者[M].曹卫东,译.上海:上海人民出版社,2002:36;克里斯琴斯.多元主义与跨文化传播[M]//单波.跨文化传播研究(第一辑).北京:中国传媒大学出版社,2020:35-37.

康德式的世界主义构成跨文化交流的哲学基础;反过来,跨文化交流则成为实现康德式哲学理想的上佳手段。跨文化交流不仅有助于培育世界公民,建构和谐共同体,而且亦是践行启蒙思维准则并由此促进人类理性成熟的绝佳方式。尤其在万物互联互通的当代,跨文化交流更是意义重大。对此,康德本人已经有清晰的认识,并做了一定的阐释。虽然从当代人的眼光来看,康德的具体论证可能稍有些"奇怪"。

在《论永久和平》中,康德讨论过这样一个问题:永久和平的保障是什么?出于一种特殊的目的论的视角①,康德笼统地将其归于大自然的奇妙安排(Frieden AK8:360)。大自然的安排之所以说是奇妙的,在于其作用方式正好是逆向的:通过战争(不法状态)塑造和平(法权状态);通过自私实现公共善。按照康德的设想,大自然的正式安排,包括政治、经济和文化三个方面(Frieden AK8:365-368)。首先,通过自利心和理性计算,人们得以建立共和制的宪政,有利于实现永久和平。其次,通过以获利为目的的商贸活动或借助金钱的力量,人们拒绝战争、拥抱和平,反而实现了道德目的。最后,通过跨文化交流,具体来说,是通过文化差异甚至是文化冲突来实现文化协同。文化差异集中体现为语言和宗教的差异,这些差异本来常常是阻止各民族融合的力量,但最终却会借竞争和互动达成理解,引向和平。大自然似乎在冥冥中自有安排。

康德这样描述跨文化交流的机制:"这些不同固然易于引起相互间的仇恨和战争的借口,但毕竟在文化进步和人们逐步接近原则上的更大一致时,导向一种和平中的协同;产生和保障这种协同,并不像(在自由的墓地里的)独裁制那样靠的是削弱一切力量,而是靠在这些力量的最活跃的竞争之中

---

① 鉴于本文的主旨在于指明康德思想可能带来的启示,此处不讨论目的论视角的含义与合理性等问题。

保持它们之间的平衡。"(Frieden AK8:367)康德的这一论述值得关注。一方面,需要注意的是其中的两个先决条件:文化的进步;人类在原则方面实现更大的一致。若是以今天的眼光来看,前者所指的应该是科学、技术和艺术等人类智识生活水平的提升。比如,计算机技术、互联网技术的发展,使得人们可以更为便捷和充分地交流。后者似乎指人们逐渐接受共同的道德原则,由此越来越倾向于以合乎法权的方式实现沟通与理解,手段与目的不再分离。另一方面,需要特别指出的是,康德所设想的文化和解的方式是"最活跃的竞争之中"的平衡。这表明,康德乐于见到的绝不是弱势文化被强势文化所同化甚至被彻底消灭的一元化的场景,而是各种不同文化相互竞争、充满活力的多元场景。当然,这种多元场景是有原则或共同底线的,亦即接纳上文所阐释的世界公民的交往权利和启蒙思维的准则。为此,康德的文化立场也许可被称为"有原则的多元文化主义"。

在康德的构想中,文化的差异和冲突将有助于实现这一理想:建构一个普遍友好的世界公民社会,使得不同群体的人们达成沟通和理解,最终促成每一个人的理性成熟。康德是否过于乐观了?很有可能。在喧嚣纷扰的当下,这确实是一个带有高度理想色彩的目标,但也是一个值得追求的目标。这不能被简单地看作哲学家的一厢情愿。现实越充满纷争,不同的人群之间越难以相互沟通和谅解;哲学家的构思越"天真",反而越珍贵。至少,这是对所有人的一种必要的、善意的提醒:我们应当并且可以做得更好。这种提醒,也许是这个时代各种被剧烈撕裂的伤口愈合的起点。就此而言,跨文化交流的康德式哲学基础并不"迂阔"。

(编辑:肖劲草)

间距与之间：中西文化间传播的研究进路探讨

◈ 林升栋*

摘　要　共享的交流语言和共享的生活情境会影响个体的思维方式，中西文化间传播的研究有其当代价值和意义。绕道西方对中国进行反思，才能获得高度的文化自觉，实现文化间相互理解、相互欣赏和相互尊重的人文格局。法国哲学家弗朗索瓦·于连（François Jullien，亦译作弗朗索瓦·朱利安）提出的"间距与之间"是一条可行的研究进路。作为"我"和"你"的对话，"间距与之间"下沉到传播学领域需要在研究范式上有所革新。

关键词　间距；之间；文化间传播；文化自觉

---

* 林升栋，中国人民大学新闻学院教授、博士生导师。

Gap and Both Parties: An Exploration of Research Approach of Intercultural Communication Between China and the West

Abstract Intercultural communication between China and the West has its contemporary research implications from the perspective of shared languages and shared situations of both parties. It is a good way to acquire the self's cultural consciousness through making a detour to the West and reflecting Chinese culture, and reach a cultural landscape of understanding each other, appreciating each other, and respecting each other between two cultures. Gap and both parties, which was theorized by French philosopher, François Jullien, is a feasible approach to do the intercultural communication studies. As a dialogue between you and me, the approach applied in communication demands some innovations in research paradigm.

Keywords gap, both parties, intercultural communication, cultural consciousness

笔者每次用"中西"一词来讨论问题的时候,都会受到荷兰乌特勒支大学语言学系教授保罗·范·登·霍文(Paul Van Den Hoven)的反驳。他说,什么是西方?他对文化研究中经常拿美国代表西方尤为反感,认为荷兰文化就是跟美国很不同的文化。西方内部并不是铁板一块。回到中国,谁代表中国?北京、上海、广州、深圳?汉族占据人口的绝大多数,但也不能代表其他少数民族。中国内部的差异也很大。中西比较因其各自内部的异质性可能远大于双方整体间的差异而备受质疑。加之中国近百年来大规模向西方学习,纯粹的"中"已经不存在了,现在的中国是中西合璧交融的产物。"中西"文化间传播看起来像伪命题,或者中西各自的范围太大,民国期间尚可研究中西,而现在这样的研究太粗糙了。

从理论上讲,每个人都可以形成一个文化,两个人之间的沟通就是文化间传播。本文用"文化间传播",而不是"跨文化传播",是因为后者具有明显的不对等性。笔者注意到单波教授主编的《跨文化传播研究》,英文书名译成 Intercultural Communication Studies,应该是考虑到国内的惯常用法,同时又希望用英文精准地表达该书的学术宗旨。研究单个的个体,如果不具有较普遍的社会意义,就缺乏工作的价值。文化间传播可以在不同性别之间、不同地域之间、不同年龄之间、不同社会阶层之间、不同种族之间发生,这些研究都有价值。在目前文化间传播日益精细化的背景下,再谈"中西"有何意义?或者说,从什么样的角度来谈"中西"才有价值?

复旦大学哲学系王德峰教授曾经自问,像他这种研究西方哲学的人,究竟还是不是传统意义上的中国人?或者,有多少比例是传统的中国人思维,有多少比例是西方人思维?后来,他通过一个生活问题给了自己一个肯定的答复:还是中国人。他说,他出门办事,第一反应常常是找熟人,通过"有关系"的人来办事觉得放心。这就是典型的中国人思维。[①] 实际上,个体会不会真的通过关系来运作,当然有个体的自主权和选择的差异性,个体可以决定是否要摆脱第一反应的控制。文天祥知道自己投降元朝能够获得高礼遇,他不是没有犹豫过,但最终毅然赴死,"留取丹心照汗青",做出与常人不同的决定,体现了个体的自主性。但是,个体在一个文化中成长的过程,周

---

① 王德峰. 中西文化差异的根源[EB/OL]. (2020-09-30) [2021-01-25]. https://v.qq.com/x/page/q3157rp1kji.html.

边人的做法提供了参照选项,构成一个文化中个体面对具体情境时近乎本能的思考。无论个体是喜欢还是反感,伴随中国人成长的压岁钱、劝酒、人情、面子等,不会在一个土生土长的西方人的脑海中呈现。

与文化密切相关的是语言,语言决定人的思维方式。一起读过李白杜甫的诗句,了解滥竽充数、画蛇添足、精卫填海、夸父追日、望梅止渴、纸上谈兵、孔融让梨、卧薪尝胆等典故,就已经建立起中国人共享的知识域,塑造出中国人的人格与思维。法国哲学家暨汉学家弗兰索瓦·于连多次提到,中国在语言上自成体系,与印欧语系不相干,历史上与西方大规模的接触发生在鸦片战争之后,在这之前中国的文化生成与发展完全独立于欧洲。[①] 王德峰指出,很多重要的术语,像中文的"缘分",既含有偶然性,也含有必然性,还有"觉悟",在英文中找不到合适的翻译。于连在其多部汉学著作中,都提到中国文化的精微意涵用欧洲语言无法表达。将中国的古诗词翻译成英文,其中的意境几乎消失殆尽。翻译即背叛。文化间传播常常处于"鸡同鸭讲"的状态,表面上看一来一往不亦热乎,实际上各自脑海中的意象大不相同。单波教授关注的"跨文化传播如何可能"无疑是当今传播学界最重要的研究问题之一。

尽管汉学家们不遗余力,采用"中心和场域语言"来解读东方文化,试图从东方文化脉络中把握一个词的意义,并且尽可能地将它的意思用英文表达出来,[②] 但是这种理解在汉学家的圈子里都颇有争议,遑论在西方普通民众当中获得较普遍的认可。这种方式固然逼近词语的原义,理解起来却颇费一番功夫。德斯坦·桑德林(Destin Sandlin)曾将一辆普通自行车做了简

---

① 卓立. 畅活存在:进入朱利安的思想[M]. 台北:开学文化,2018:20-21.

② AMES R T, HALL D L. Focusing the familiar: a translation and philosophical interpretation of the Zhongyong[M]. Honolulu: University of Hawai'I Press, 2001:5-8.

单的改动:车把向左转时,车轮向右转;车把向右转时,车轮向左转。只要记住方向是反的就能驾驭好这辆车。但德斯坦发现自己骑车的时候根本无法控制方向,练习了8个月才勉强上路。虽然他知道这辆特殊自行车的原理,但是大脑里原有的驾驶惯性和思维定式,阻碍了新原理的快速转换和应用。① 让西方普通民众通过绕来绕去的文字来把握异文化中的语意,其难度不亚于德斯坦骑上这辆怪异的自行车。中国大学哲学系的教授们熟读康德和黑格尔,跟他们在日常工作和生活中自如地应用从小到大所接受的中国文化的实践思维并不矛盾,知道和应用本来就是两回事。何况由于语言的天然隔阂,我们多数人对西方哲学的理解还是一知半解,或是用中国的语境牵强附会。正是从共享的交流语言和共享的生活情境最终会影响个体面对具体情境的第一反应的角度来谈,中西文化间传播才有其价值和意义。每一个文化当中,个体的行为选择都是多样化的。基于同样的文化思维,个体可以做出不同甚至相反的选择。而不同文化的个体做出相同的行为选择,其动因和价值观念也可能大不相同。

20世纪的中国发生过两次大的文化断裂。第一次是在20世纪初西学东渐的过程中,"五四运动"引进了科学与民主的口号,并且用白话文替代古文,挑战中国传统价值观的根基;第二次是"文化大革命",文化与传统再次被打破。然而,令人惊讶的是断裂之后传统价值再次回归,政府大力推进国学建设,在世界各地资助成立孔子学院,而民间道观、寺庙里香火缭绕,断裂中被压制的东西似乎以双倍的力量和韧性反弹回来,尽管它跟此前的传统已不尽相同。文化似乎不太可能被人为破坏或彻底消除,相对于断裂,文化

---

① WENZ J. It's impossible to ride this backwards bike on the first try [EB/OL]. (2015-05-07) [2021-03-08]. https://www.popularmechanics.com/adventure/a15421/smarter-every-day-backwards-bike/.

韧性与文化自愈更具有指导意义。它有助于从社会和个人经历两个角度更好地理解文化的延续与演变。①

费孝通在晚年主张"文化自觉"。他认为,只有通过文化间的对话,在了解"自己"文化的基础上进行对比,才能获得高度的文化自觉,从而消除文化间的误解和偏见,达到"美美与共,天下大同"的境界。② 在西方,于连从浸淫其中的古希腊哲学思想中暂时抽身,将中国作为一个遥远的"他者",绕道中国反思欧洲,在西方的"未思"之处重新思考,通过迂回的方式试图重新激发西方哲学的活力。这是西方汉学家对其文化自觉的努力。由于文化自觉涉及对自身文化的反思,在原本想当然处提出疑问,而学者成长于某种文化中,这种反思必然将其自身卷入。学者在成长过程中所形成的价值立场通常是不容挑衅的,它涉及学者个人的自尊乃至生命的意义。自我是最熟悉的,但有时也是最陌生、最难去触碰的。了解和解剖自身是最难的。西方文化追求个体的独立和独特性,因此保罗认为荷兰与美国不同,而在笔者看来,这正是西方思维方式在文化认同上的反映,身在其中而不自知。作为学人,最难的是把自己放在台上,在众目睽睽之下解剖自己,并且接受各种质问。因此,我们常常舍近求远,在异国情调或者"理想国"中高谈阔论,却在不经意间离我们的现实世界越来越远。中西文化间传播唯有进入熟悉的生活世界,才会有新意和更微观的帮助。在上述基础上研究中西文化间传播问题是有意义的。下文分两部分说明:第一,什么是"间距与之间"?为何采用"间距与之间"作为中西文化间传播研究的新进路?第二,如何运用"间距与之间"展开具体的研究?

---

① 张隆溪,潘小英.文化断裂与文化韧性[J].中国图书评论,2009(1):44-46.
② 费孝通.反思·对话·文化自觉[J].北京大学学报(哲学社会科学版),1997(3):15-22.

一、什么及为何是"间距与之间"

"间距与之间"是于连提出的两个哲学概念,法文为 L'écart et l'entre,英文为 Gap and Both Parties。他寻求"外在解构",通过遥远中国的异质文化思想来观照欧洲思想的未显之处,对传统欧洲哲学的本质主义和二元思维进行反思,将其打碎、拆分和消解。这种做法自然引起了西方汉学界很多人士的反感,他们认为于连过于美化中国的文化,得出的结论永远都是中国哲学超过西方哲学,这是他们所无法接受的,同时于连在中国受到了超乎寻常的欢迎。[①] 他的书不断被翻译引进,拥有了一批学界的粉丝,包括笔者在内。值得一提的是,反思不等于批判或者贬低,但是反思确实需要批判性的眼光,因此可能会触碰到多数学者内心脆弱的民族自尊。经由这种批判性的眼光,不仅要看到对方之美,而且更坚定了自身之美,从而实现相互理解、相互欣赏、相互尊重的人文格局。这就好比一个中国人,原先待在国内的时候爱国,那时的爱国比较单纯,也无须问为什么。等他去了国外,听到有关中国的负面言论,刚开始觉得对方讲得似乎有些道理,等时间久了,他又觉得外国人的批评也有不合理的地方,而且西方尽管很发达,但也有很多社会问题,最终他更爱自己的祖国了。经过这种文化洗礼的人,用批判性的眼光审视过自己的母文化,对自身文化之"美"的再发现与挖掘就是一种文化自觉。

长期以来,文化比较总是在互看"异同",比如中国人偏重集体主义,西方人偏重个人主义。西方学者开发出很多测量的量表,试图在两种文化间保持客观中立,进行科学的度量和评价,就好比用一把量尺来测量身高,西

[①] 赵衡毅."研读经典"挑战孔子[EB/OL]. (2017-03-29) [2021-01-26]. https://www.sohu.com/a/130943899_188245.

方人普遍比中国人高一些。集体主义-个人主义就是一种二元对立的思维，量表测量是一种本质主义的追求，试图将看不见的文化用一种有形的方式呈现出来。尽管文化不像身高那样肉眼可见，但亦有各种行为可观察，各种心理可测量。西方建立的文化标准是以自身文化为中心的，每个非西方文化在普适标准中的得分或高或低，最终建立起一个以西方标准为中心的扇形知识结构。

文化的客观测量遭遇两大问题：第一，这些测题描述尽管采用非常严格的"来回译"(back and forth translation)的方式，试图尽可能保持其在两种文化中理解的绝对一致性，然而，只要涉及主观的测量必然会产生偏差。共享的交流语言和共同的生活情境导致即使是同一个词，像"朋友"，西方人和中国人脑中所浮现的情境也不一样。第二，比较只是相对的。中国人倾向于集体主义，不代表他们没有个人主义的时候；中国人比较含蓄，也不代表他们没有直接的时候。笔者在美国访学的时候，参加过美国小学的家长会，发现美国教师在提及学生的问题时，比中国教师要含蓄得多。不问情境的异同比较，容易造成文化刻板印象以及文化间传播实践中的刻舟求剑。中西对话根本就是两个体系，或是两个概念群之间的对话，局部的剥离解读只会造成沟通障碍。只有将双方的行为或表象置于各自的社会、历史和文化脉络下，文化间传播才会避开机械主义的文化标签。

于连的观点之中有对中国文化过于理想化的乐观描述，但这并不妨碍他著述中的真知灼见。他观察出异同比较所引发的问题，因而提出"间距与之间"的概念，作为开展人类思想及文化资源研究的新工具。中西文化尚未大规模交流时，文化的"他者"还比较遥远，直到近代中西文化相遇并产生冲突之后才开始关注彼此的差异。差异是寻找、分析的结果，我们通常夸大了"异"的部分，认为"同"是人类共通共有的部分。由于分析是在"他者"缺席的情况下言说的,其参照是熟悉的"我者",因此这种言说很容易"张冠李戴",尤其是将"同"的部分认定为跟自己一样。笔者常用图1来说明这个问题。图1左右图的相似度很高,但左边加上了眼睫毛、鼻尖、耳坠、项链,更像一位美少女,而右边去掉这些,用嘴和牙来替代项链,相同部分的下巴(左)变成了鼻子(右),耳朵(左)变成了眼睛(右),于是一个丑陋的老妇出现了。如果只关注"异"的部分,并且认为"同"的部分在两边所指一样,就会犯张冠李戴的错误。因为要捕捉细节,许多实证研究常常就事论事,就局部论局部,忘却从整体上把握意义。

图1 少女与老妇(来源:1888年德国明信片)

由于人们往往在他者身上寄托某种幻想,因此对他者的认识难以做到全面准确。强势文化又依托话语霸权,向其他文化输出贴好的文化标签,迫使"他文化"接受他定标签。中国古代有家国同构、曲而中、三纲五常之类的说法,但没有给自己的文化贴过集体主义、高语境、高权力距离这样的标签。于连试图使"他"变成"你",其旨趣在于让中西思想"面对面"对谈,使双方可以互相反映以至于自我反思,通过间距凸显彼此的特色、历史深度及其所涵盖的人文资源。他认为,差异是一种对局部进行分解剖析的概念,是一种外来的侵入,其中暗含了一种原则性的同化,消弭了其他文化可能具有的"自在"的意料之外的事物,那些让人惊喜、手足无措、迷失方向甚至感到不适宜的事物。差异一开始就把我们放在同化的逻辑上,做分类并下定义,而不是放在发现的逻辑上。间距不是寻找、分析的结果,而是原本就在那里,以其"自在"而非外来强加的方式言说。我和你"之间"的对话能让气息和思考流通。世界上众多的文化都有其存在的道理,观察出这些道理并加以开采与拓展,种种文化资源就会彼此滋润,相互丰富。[①]

二、如何运用"间距与之间"展开具体研究

"间距与之间"确有新意。然而,作为高高在上的哲学概念,如何下沉到文化间传播的具体情境中呢?作为哲学家,于连没有为传播学提供答案,他的著述常常闪烁其词,通过只言片语,一首中国古诗、一幅中国山水画,让读者窥斑知豹,回味无穷。以至于他的书要一读再读,温故知新。笔者在这一哲学概念的指引下,在文化间传播的研究中做过一些探索。此处先回顾一下过往有关文化的研究,然后再讨论如何在前人基础上进行方法革新,将"间距与之间"落实到具体的传播学研究中。

有关文化与个体之间的关系,杨中芳曾总结出四种不同的研究进路:一是"文化刻模个体",文化像是一个刻模饼干的木模,个体就是这同一模子所印出来的饼干,印迹有深有浅,但都大同小异,这是跨文化心理学的基本观点和假设。这一进路是典型的异同比较,给各文化贴上标签(如个人主义/集体主义)。二是"个体形塑文化",研究者到一个文化群体中常住,观察在

---

① 朱利安.间距与之间:论中国与欧洲思想之间的哲学策略[M].卓立,林志明,译.台北:五南图书出版股份有限公司,2013:1-35.

当地生活的个体的社会互动过程,研究宏观的文化如何在个体的微观生活世界中运作,这是人类学的基本观点。个体是社会的缩影,研究典型个体的特征并加以放大,就是这一文化的特点。这种研究不经意间会带上西方文化的优越性来解读和评判他者,他者仍然是被观察的、沉默的对象,自己无法言说,只能由强势文化或者"先进"文明的研究者代言和赋意。三是"文化在个体的脑海中",这是近期社会认知心理学及认知人类学家们所持的观点。他们认为,个体从生活中得来的思想、看法、态度、思维方式等都是文化,它们会影响个体对外部信息的处理,进而影响个体的行为。研究者关心这些脑海中的文化信息如何被学习、存储以及在个体面临具体情境时如何被抽取和利用。这种观点将人脑比作电脑,将文化比成操作系统,外界的信息输入不同的操作系统会产生相同或相异的结果。四是"个体生活在文化中",这是社会交往学派所持的观点,这一观点认为文化是外在于个体的,是生活在一个地区的人们所共有的知识。这些常识赋予人们日常生活中所用的概念以意义,并对他们在具体情境中应该如何行动提供指引。这些常识的获得及运用有赖于人际交往。生活在文化中的个体会运用文化指引使自己成为一名合格的文化成员,并让自己的生活过得更好些。①

上述四种进路从其假设来说,都有相当的合理性。进路一遵循心理学的还原主义,而进路二能将研究对象的社会、历史与文化脉络纳入,视角较为完整。进路三和进路四介于这两端之间。下文简单分析这两端的进路。从研究方法来说,进路一多采用实验法,进路二多采用人类学的田野调查法。方法本身没有问题,但研究的思维范式需要调整。举例来说,图2中跨文化心理学常常从行为入手,A 文化与 B 文化在行为上重叠的部分是全人

---

① 引自杨中芳在 2000 年 2 月 18 日至 20 日在高雄举办的"本土心理研究研习班"上的发言《如何进行本土心理学研究》。

类共通的行为C',对应的是全球共通的心理C,A'是A文化特有的行为,对应文化心理A,B'是B文化特有的行为,对应文化心理B,这就是典型的线性思维。从间距与之间的角度来看,图3认为A与B作为不同文化是"之间"的关系,其心理与思维方式就像两个手电筒,射出来的光区(即行为)既有交叠的部分C',也有各自不交叠的区域A'和B'。进路一目前的模板显然是简化的、机械的、平面的和线性的。跨文化心理学应当超越这种局限,采用立体的视角将两种文化各自复杂的模板描绘清楚,而不是剥离具体情境的"刺激-反应"思维。进路二的整体视角是可取的,其挑战在于唤醒被研究对象的自我言说,或者进入被研究对象的文化典籍中寻找原生话语,而不是替之言说。当然,世界上有一些文化可能对自我言说并不感兴趣。中国文化是世界上不同于西方,并且有能力向世界言说的文化,从中国政府近年来大力倡导提升国际话语权、加大文化输出力度即可一窥端倪。中西文化间传播的研究正当时。

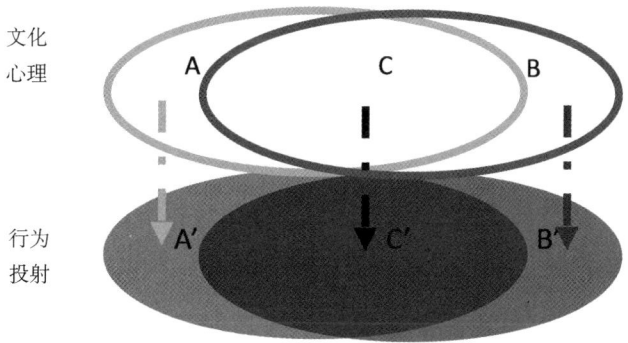

图 2　跨文化心理学的线性思维(自制)

从笔者有限的理解与探索来看,"间距与之间"的文化间传播进路需要具备以下条件:第一,"间距与之间"是"我"和"你"两个主体的对话,不是和"他"的对话,因此,双方都必须在场。一方不在场的言说是不对等的,

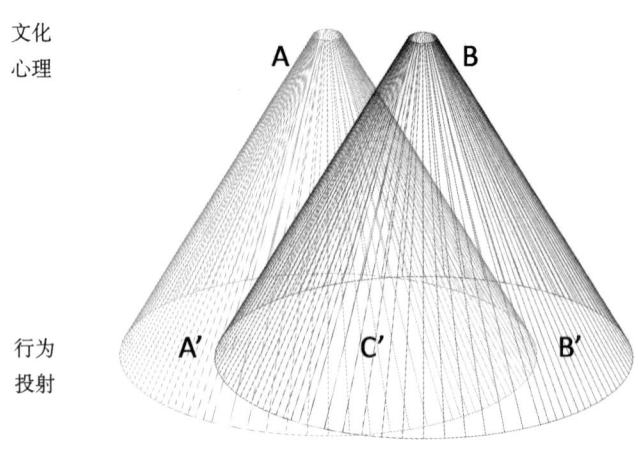

图 3 "间距与之间"的思维（自制）

也必然是偏颇的。笔者近年来的研究一直坚持使用双边视角，尽管找到外国学者、大学生和普通民众不太方便，但还是可以通过优兔（YouTube）上的英文评论、在华的西方留学生以及西方大学的教授等获得"你者"视角，尽可能防止单方言说。第二，"间距与之间"对两边文化的研究参与者都提出了很高的要求。也就是说，双方都需要具备自我反思的能力。如果双方只是各美其美，告诉对方如何理解自身文化，然后互相捧场，那么这显然还是表面的文化间传播。只有双方都从对方提出的"未思"处考虑问题，扪心自问，才有可能像于连那样看到对方之美以及己方之短，体味尺有所短寸有所长，事物总是一体两面的，才有可能在长短之间取"中"。第三，"间距与之间"的出发点固然是两方所隐含的文化立场，最终的结论则要超越双方的观念进一步提升。提升的过程需要双方共同回溯各自的社会、历史、文化脉络，得出的结论需要双方皆认可。如果存在争议，就在文章中将双方的不同观点详细列出，不作为结论，而是作为一个阶段性的进展，或留待其他的学者进一步探索。此外，"间距与之间"的研究可以综合利用多种研究方法。就目前笔者的尝试而言，实验法、访谈法、符号学、解释学等都是很好的研究方法。由于研究者本人在学习过程中已经吸收了很多文化研究的理论与知识,在分析和提升的过程中,很容易出现选择性解读,不知不觉又套回现成的理论,因此,具体到方法论上,可以先抛弃西方的理论框架,自下而上,立足于受众对传播内容的理解,并从各自的社会、历史、文化脉络上加以把握,采用"据中释中"和"据西释西"的范式来揭示"间距与之间"的本来面目。[1]

(编辑:张春雨)

---

[1] 鞠实儿,何杨.基于广义论证的中国古代逻辑研究:以春秋赋诗论证为例[J].哲学研究,2014(1):102-110.

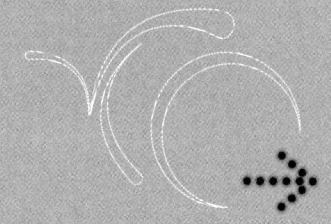

跨文化路径

跨文化传播的实践与思考
——基于对"走出去"中资企业的在地考察

◈ 程曼丽*

摘　要　企业是从事经营活动的社会组织,它以自己的实物形态——产品和服务参与到跨文化传播的实践活动中来,对国家形象的建构产生着影响。本文基于对中资企业的在地考察,近距离了解企业在跨国经营中遇到的文化冲突以及由此引发的种种问题,并在此基础上展开分析与探讨。

关键词　"一带一路"倡议;"走出去";中资企业;跨文化传播

Practice and Reflection on Intercultural Communication:
A Local Study of Chinese-funded Enterprises Going Global

Abstract　Enterprises are social organizations engaged in profit-

---

* 程曼丽,北京大学国家战略传播研究院院长。

making activities, and they participate in the practice of intercultural communication with their own physical forms—products and services, which have an impact on the construction of national images. Based on a local study of Chinese-funded enterprises, this paper provides a close understanding of the cultural conflicts encountered by enterprises in their transnational operations, and then conducts analysis and discussion on this basis.

Keywords "The Belt and Road" Initiative, "Going Global", Chinese-funded enterprise, intercultural communication

在新的国际关系格局下,在传播生态发生深刻变化的今天,中国对外传播的主体已经超越政府机构与传统媒体的范畴,呈现出多样化的态势。"多元主体"中就包括"走出去"的企业。企业是从事营利活动的社会组织,它以自己的实物形态——产品和服务参与到跨文化传播的实践活动中来。对于任何一个外向型或国际化的企业来说,它无法回避的一点是,它是某个国家的企业,人们对这个企业,对它的产品及服务的印象(甚至对企业员工的印象)与对这个国家的印象紧密相连。随着"一带一路"倡议在沿线国家的推进,"走出去"的中资企业数量与日俱增,它们以投资建厂、项目合作、劳务输出等形式嵌入所在国的生活,并以自身为载体释放各种信息,加深、固化着当地民众对中国及中国人的印象。这种近距离、零距离的接触胜过媒体的千言万语,更成为中国媒体传播力、影响力扩散的制约因素。本文基于对巴基斯坦、印度尼西亚、马来西亚、孟加拉国、缅甸等五国中资企业的在地考察,近距离了解企业在跨国经营中遇到的文化冲突以及由此引发的各种问题,并在此基础上展开分析与探讨。

一、五国考察情况概述

2016年1月,作为北京大学国家战略传播研究院院长,笔者带队访问了巴基斯坦的卡拉奇、拉合尔、伊斯兰堡三座城市,就"一带一路"旗舰项目"中巴经济走廊"建设与巴基斯坦政界、媒体、高校、智库有关人员进行交流。

2019年8月至9月,笔者受有关部门委派,参加由外交部牵头的"一带一路"跨部委联合工作组,赴印度尼西亚、马来西亚、孟加拉国、缅甸四国考察"一带一路"建设工程,并在中国驻四国大使馆的安排下,对当地中资企业负责人进行舆情应对方面的培训。上述五国与中国的关系状态大体如下。

(一)巴基斯坦

巴基斯坦是中国的友好邻邦,也是中国全天候的战略合作伙伴,双方互称"铁哥们儿"。李克强总理2013年访问巴基斯坦时提出建设"中巴经济走廊",该走廊于2015年4月20日正式启动。当时巴基斯坦的总统是马姆努恩·侯赛因,总理是纳瓦兹·谢里夫(现任总统为阿里夫·阿尔维,总理为伊姆兰·汗)。

北京大学国家战略传播研究院团队访问巴基斯坦时,"中巴经济走廊"建设启动不到一年。如同国内媒体报道的那样,公路、港口、燃煤电站等项目陆续开工,"中巴经济走廊"建设已从纸面走向现实。但是,通过实地调查我们了解到,巴基斯坦国内存在不同的政治派别,各派在"中巴经济走廊"的路线图以及投资回报的利益分配方面存在不同看法,舆论上也表现出一定的复杂性。在巴基斯坦,"中巴经济走廊"建设主要集中在旁遮普地区,而旁遮普族约占全国人口的44%,相对于普什图族(15%)、信德族(12%)和俾路支族(3.6%),在政治、经济上占有绝对优势。旁遮普省之外的地区对于走廊建设或者不关心,或者有着不同的看法,这使得巴基斯坦官方与民间在对华态度上存在着明显的落差。

了解了这些情况后,在卡拉奇外交关系委员会的安排下,研究院成员在卡拉奇和伊斯兰堡参加了两场(专场)媒体早餐会,就"一带一路""中巴经济走廊"建设的相关问题与各界人士交流,尽我们所能释疑解惑,表明中国的诚意与善意。研究院成员的巴基斯坦之行以及我们在媒体早餐会上的发言得到巴基斯坦十余家媒体的报道,收到的评价全部为正面评价。

中国移动巴基斯坦公司是中国移动海外全资子公司,是第一家在巴基斯坦推出4G服务的运营商,在巴建成1万座4G基站,将上千万巴基斯坦人的生活引入数字化时代。与该公司中方负责人的交流,亦使我们对"中巴经济走廊"建设以及巴方对中企的态度有了更多了解。

(二)印度尼西亚

2019年5月21日,佐科·维维多连任印尼总统,习近平总书记当天即向维维多发去贺电。贺电中提到,近年来,两国以共建"一带一路"为契机,持续推进深化战略对接,双边关系步入快速发展的新阶段。

印尼对于参与"一带一路"共建,态度一向积极。维维多总统也希望与中国合作,吸引中国投资建设铁路、港口等,助力本国的经济增长。

印尼号称"万岛之国",岛屿众多,主要的两个岛屿呈长条形,急需交通和电力基础设施的支撑。

2019年8月24日,联合工作组成员到达印尼,考察了雅万高铁建设工地。雅万高铁(雅加达—万隆高铁)位于印尼大城市最多的爪哇岛上。雅加达和万隆相距约120公里,高铁建成后,雅加达至万隆的车程将由三个小时左右缩短至 36 分钟。雅万高铁是由中国中铁集团承建的印尼历史上的第一个高铁项目,也是中国高铁方案"走出去"的第一单,被称为"一带一路"的标志性工程。

(三) 马来西亚

马来西亚是东盟成员国里第一个与中国建立外交关系的国家,两国关系一直比较好。2018 年 5 月 10 日,前总理马哈蒂尔以 92 岁高龄再次出任马来西亚总理。当时就有媒体发表言论,为马哈蒂尔贴上"反华"标签。这并不奇怪,因为马哈蒂尔在选战阶段曾经表示,要对中国投资严加审查。但是上台后他的态度立即发生了 180 度的转变,宣布支持中国的"一带一路"倡议。

2019 年 8 月 25 日,联合工作组成员到达马来西亚,考察了位于西马东海岸最大的城市彭亨州关丹市的马中关丹产业园。它是中国在马来西亚建立的第一个产业园区,也是马来西亚政府重点扶持的第一个国家级产业园区,一期占地面积约 6 平方公里,被列入"一带一路"规划重大项目。目前已有一个大型钢铁集团入驻,陆续还会有更多的企业进入。

(四) 孟加拉国

孟加拉国现任总统是哈米德,对中国比较友好。孟加拉国于 2013 年加入"一带一路"共建。近期有孟加拉国知识界人士(毕业于清华大学)接受媒体采访,认为"一带一路"倡议为孟加拉国的 GDP 做出了持续的贡献,孟加拉国的 GDP 增长率由 2012 年的 6.30% 增加到 2018 年的 8.13%。其中特别提到,"一带一路"共建为孟加拉国提供了大量的就业机会。孟加拉国政府虽然乐于接受中国的投资,但是对于近邻印度有所忌惮,不希望中国的投资被印度看作是对其国家安全的威胁。

2016年8月,中国中铁集团与孟加拉铁路局签署了帕德玛大桥铁路连接线建设工程合同。帕德玛大桥是中国与东南亚"泛亚铁路"的连接线,全长6.15公里,是"一带一路"倡议的交通支点工程,由中铁大桥局承建。这也是中国企业在海外承建的最大桥梁工程。大桥建成后,将结束孟加拉国南部21个区与首都达卡之间居民往来需要摆渡的历史,孟加拉人将它称为"梦想之桥"。

2019年8月27日,联合工作组成员到达孟加拉国南部,考察了帕德玛大桥建设工地。

(五)缅甸

2011年缅甸的政治转型(由军人政权向民选政府转变),实为军人的"换装执政"——由现役军人直接执政变为由退役军人主导政治。在吴登盛任总统的5年里,缅甸民主转型加快,得到国际社会的认可,美欧也予以支持。但是国内民众对于军人以不同方式连续执政表示反感,于是在2015年的大选中投票支持昂山素季以及民盟候选人。2016年,昂山素季的助手、民盟资深成员吴廷觉当选总统,昂山素季作为民盟主席和国务资政,成为缅甸实际上的最高领导人(2021年2月1日,缅甸军方发动"政变",昂山素季被扣押)。

缅甸政治转型以来,中缅关系发展良好,并未因缅甸政府更迭出现波折。但是2011年9月,吴登盛总统宣布中缅共同投资开发的密松水电站停建,之后两国在交通基础设施建设、电力、石化、经济特区开发等领域的合作停滞不前,很长一段时间没有新的共建项目推出。除此之外,缅甸政治转型后,开始实行大国平衡外交,如民盟新政府首次访问的目的地有意避开美、中、日当中的任何一个国家，避免陷入"大国外交"的尴尬局面。过去因为外交环境差，缅甸比较依赖中国，政治转型后西方国家对缅甸的态度发生了转变，缅甸也开出各种优惠条件吸引对方，与美欧的关系明显改善。这也在一定程度上使得缅甸民间厌华情绪滋长。总之，虽然两国之间的合作存在着一定的问题，但双方还是希望克服困难，达成目标。这已经成为中缅关系的"新常态"。

2019年9月18日，联合工作组成员到达缅甸，考察了位于缅甸西北部的中缅合资项目——莱比塘铜矿项目，该项目也被称为"中缅经济走廊"的节点项目。该项目由中方万宝矿业投产运营，是亚洲最大的湿法炼铜项目。2011年9月密松水电站项目搁置后，紧接着2012年下半年，缅甸部分民众开始抗议莱比塘铜矿项目，致使该项目被迫停工一年左右。目前情况有所好转，主要是因为万宝矿业在当地社区开展了惠民工程，做了一些周边建设，包括吸纳3000多名缅籍员工进入企业，帮助当地开发第三产业，为居民提供医疗等方面的服务。在此过程中，企业的生产能力不断提高，已实现达产达标。

二、中资企业面临的跨文化障碍

在对五国的考察中，通过与中资企业负责人的交流，笔者对中资企业（员工）面临的跨文化障碍以及与当地政府、民众相处中遇到的问题有了较为深入的了解。在笔者看来，这些问题不仅存在于这五个国家，在"一带一路"沿线国家和地区也具有一定的普遍性。

（一）当地政府、民众对中国的认知差异

在考察中笔者发现，这些国家存在一个普遍的问题，就是对"一带一路"

的态度"官热民冷"。有的国家政府层面对中国了解得多,普通民众对中国了解得少,这种情况在巴基斯坦、印度尼西亚、孟加拉国、缅甸都不同程度地存在。巴基斯坦前总统、前总理对"一带一路"高度认同,积极支持,前总理谢里夫多次访华,与习近平主席举行会谈。但是巴基斯坦民间包括知识阶层对他有所质疑,认为他只是代表家族利益(其家族利益集中在旁遮普省),而不是代表整个国家的利益。

在缅甸,官方对于与中国的合作是持积极态度的,但是缅甸社会的反华投资情绪由来已久,并在密松水电站事件中达到高潮。近年来,随着中国大幅度减少对缅资源领域的投资,以及企业在当地积极履行社会责任,缅甸社会的反华投资情绪得到一定程度的缓解。

印尼雅万高铁项目开始征地时,当地错综复杂的征地程序以及部分印尼政客将项目风险政治化的做法,为项目的开展增加了不少变数;当地一些村民由于各方面原因不同意政府征收土地,甚至索要高额赔偿金,致使征地环节进展缓慢。不过据印尼交通部披露,雅万高铁目前已完成征地工作,进入施工阶段。

当地中资企业对于习近平主席强调的"五通",尤其是民心相通均有充分的了解,也在做着各种努力,但是这方面的难度是比较大的。当然,这不是能立竿见影的事,需要长时间的努力,所谓日久见人心。这也是跨文化传播中情感互动的题中应有之义。

(二)文化、社会习俗方面的差异

五国的历史发展轨迹不同,政治体制不同,宗教信仰不同(有伊斯兰教、佛教国家,有的国家多种宗教并存),经济发展水平各异,社会人文方面也具有很大的差别,与中国的差异就更大了。这也是中国企业"走出去"以后面临的一大挑战。

例如据中国移动巴基斯坦公司负责人介绍，巴方与中国企业交往使用的是英语，但巴基斯坦的情况比较特殊，其官方语言既可以是英语，也可以是乌尔都语，当地人常常讲英语时夹杂着乌尔都语，存在着一定的沟通障碍。

另外，同一个企业的员工，因为国别不同，心理、态度和行为上也表现出较大的差异。比如中国员工大都视厂如家（认同"我们都是一家人"的说法），并且遵纪守法、吃苦耐劳，出了问题习惯找组织，组织也能在集体和个人之间找到平衡点，把问题解决好。但是外国员工不一样。他们头脑中有着根深蒂固的劳资观念（不认同"我们都是一家人"的说法），出了问题习惯找工会，工会则是帮助他们维权的，再加上受一些非政府组织的影响，最终总是试图以谈判、抗议、罢工来解决问题。当然，对此有了充分了解以后，中资企业通过各种途径找到了处理这类问题的方式方法，抗争事件也就自然减少了。

还有一些差异虽属小节，但是对企业的发展也有一定的影响。例如中资企业在"一带一路"建设中招聘了许多当地员工，但是由于传统习惯不同，很多人小富即安，以享乐为重，工资发到手里人就不见了，导致企业人员流动性很大，员工培训损失也很大。例如孟加拉员工大都不到一个月就离职，连续干满三个月的很少。

马来西亚的效率问题比较突出，中资企业难以适应。例如马方合作机构约定了开会时间，中方代表准时到达，马方却说，不着急，先吃水果，一吃就是一个多小时，开会只留出十几分钟时间，什么事情也定不下来。当然，两国关系一向还是很不错的。

缅甸政府通常很顾及中国人的面子，痛快地答应中方提出的合作倡议，包括一些重大项目的建设倡议,但往往答应过后就把事情搁置下来,未采取措施予以落实和推进(当然其中也存在平衡各方利益的难处),密松水电站等项目搁置十多年就说明了这一点。此次考察,跨部委联合工作组成员访问了缅甸外交部,与缅方就一些项目重新启动进行谈判,然而谈判之前我们就预料到对方的态度会很好,但是问题仍会久拖不决。2020年1月17—18日,习近平主席访问缅甸,双方决定加强"一带一路"合作,推动"中缅经济走廊"从概念规划转入实质性建设阶段。对此我们充满期待。

中资企业适应当地习俗需要一个过程,对方了解和适应我们也不是一朝一夕的事,在这方面同样出现过问题。例如,一些中资企业的员工因为不熟悉当地法律法规、文化习俗与宗教禁忌,动辄踩雷触礁,造成负面影响。有些企业随即采取了硬性措施,不允许企业员工与当地民众接触,这在某种程度上又加深了当地民众对中国和中国人的负面认知。

再如,有些中资企业招收了当地的穆斯林员工。穆斯林有着自己的宗教传统,如斋月期白天不喝水、不进食,一天中进行若干次祷告。有的中方员工最初缺少这方面的意识,斋月期当着对方的面吃吃喝喝,在祷告时间大声说笑(考察中笔者注意到一些企业已经在醒目处张贴了告示:"祷告时间禁止喧哗")。有些国家的宗教禁忌非常严格,女性往往身着一袭黑色长袍,只露出双眼。有的中国员工因为嫌天气热,光着膀子招摇过市,引起当地民众的不满。经过教育培训,目前这方面的情况已经大为好转。

(三)外部因素介入引发的矛盾

该五国以及"一带一路"沿线上的其他国家,大都有着重要的地理位置和战略价值,是大国角逐的重点区域。

例如在印度尼西亚、孟加拉国和缅甸,非政府组织非常活跃。这些非政府组织一般都有着西方背景。美国在缅甸境内就有很多异常活跃的非政府组织，它们同时也扶持发展缅甸本地的非政府组织，把当地非政府组织的负责人送到美国进修。据了解，在缅甸一些中资企业的项目中，美国曾经通过资金支持和技术指导鼓动缅甸非政府组织煽动民众闹事。根据《华尔街日报》的报道，美国曾经帮助缅甸审查中方项目（在缅中石油负责人亦提供了相同的信息）。与美国非政府组织在缅甸的活跃程度相比，中国非政府组织与缅甸非政府组织合作援助缅甸民众的活动少很多，深入基层的小型民心项目、情感互动也不多；即使开展这方面的活动，也存在信息传播不到位的问题。因此，这方面的努力空间仍然很大。

（四）中国媒体的触达及影响有限

与美国等其他国家相比，中国媒体在这五国普遍存在触角有限、影响力偏弱的问题。例如印尼媒体受西方影响比较大，美联社等在此都有较大的市场，当地不少媒体人都有在西方留学的经历。他们即使报道中国新闻，也大都转自西方媒体。

据介绍，孟加拉国有200多家电视台，其中本地电视台只有三十几家，其他都是印度和欧美国家的电视台。中国企业的信息借助他人平台传播，具有一定的难度，这也使得中国方面的声音比较微弱。

缅甸的一些媒体和非政府组织在舆论方面所发挥的作用基本相同——对中资企业施加压力。西方媒体还委托智库推出各种报告，指导当地人如何在中资企业的项目中维权。笔者在调研中发现，针对中国的"债务陷阱"之说，是这些国家的普遍性话语。中国驻缅甸大使在与我们交流时提出了一个重要问题：到底有没有债务陷阱？这是需要正面回应的，他希望国内相关机构能够提供打破这一怪圈的具体事实、数据，掌握这方面话语的主动权。所幸近期美国《大西洋月刊》发表了一篇由两位美国学者撰写的关于中国"舆论陷阱"的文章,此文通过充分翔实的调查,证明有关中国"债务陷阱"之说是虚构的。①

相形之下,中国媒体在当地的影响力就小多了。这些国家都设有中国主流媒体的分支机构,如新华社、人民日报驻当地分社,但是它们更多是把当地消息发回国内,将国外的情况介绍给国内受众。印尼的新华社分社还在总社指导下开设了印尼专线,利用当地雇员采集当地新闻,但是这些新闻基本上也都是发回国内;在国际新闻传播的大平台上,中国媒体的影响力仍然偏弱。在缅甸也有同样的问题,因为存在语言障碍,中国媒体在当地的受众比较少,而缅甸私营媒体因为存在偏见,对中国惠缅举措的报道也不多。

(五)中国企业缺乏风险防范意识

这与中国企业"走出去"的路径有关。中国一些企业在海外开展业务时,往往是资金、劳务、产品、技术先行,出现问题或危机了,再着手应对,开展正面宣传,打造品牌形象。总之,中国企业缺乏风险防范意识和危机应对准备。

"走出去"的企业面临的风险一般包括政治风险、经营风险、商业环境风险以及法律风险。此处仅以政治风险为例。

政治风险主要指一个国家的政权更迭或者某一执政党地位的变更。对于这种情况,中方在斯里兰卡、巴西等国都曾遇到过——原来的执政者错失连任良机,结果导致两国既有的合作项目被搁置。这使我们获得一个启示:"走出去"的企业不能完全寄希望于两国友好以及友好关系的延续,还要对

---

① 中共首提"人类命运共同体" 倡导和平发展共同发展[EB/OL].(2012-11-11)[2021-02-07].http://cpc.people.com.cn/18/n/2012/1111/c350825-19539441.html.

商业逻辑有更多的研究,对所在国的投资环境有更多的了解,制定长远规划;同时还要有危机意识。

政治风险还包括当地政府外资政策的变化,这种变化会使"走出去"的企业陷入困境。例如委内瑞拉政府就曾宣布,把外资控股或独资的石油、能源类企业收归国有,外方不能控股。这使得在委内瑞拉投资石油、能源的外国公司损失惨重。中国移动巴基斯坦公司负责人也曾提到,当地政府为了增加税收收入,不断推出新举措,包括新增税目、提高征管水平等,这对公司业务拓展产生了不小的影响。

跨国投资经营本身就存在风险,如果缺乏警觉和必要的防范意识,企业就会在危机来临时陷于困境,难以逆转。

上述问题有些属于语言、文化方面的障碍,需要通过有效的跨文化传播予以消除;有些则反映出所在国的对华心态,包括对"一带一路"倡议的态度,具有一定的政治、政策敏感性。无论如何,这些问题都会对中国的外交政策、外交努力产生负面影响,需要认真面对。

三、关于中国企业跨国(跨文化)传播的思考与建议

(一)"走出去"的企业应当做好风险评估

对于"走出去"的企业而言,强化风险防范意识,完善风险防范体系,提高境外安全保障和应对风险的能力非常有必要,这是企业战略的基本保障。美国企业赴海外投资,大都会通过各种途径了解当地政治、经济方面的整体情况,对其进行论证与风险评估,以便做到心中有数。

风险评估亦应包括国家层面的资源统筹以及与共建方的有效协商,这

方面的疏忽也会带来意想不到的问题。例如巴基斯坦前总理谢里夫之所以受到国内知识阶层的质疑，与中方在提出"中巴经济走廊"共建提议时未能做好相应的细节设计，而将经济走廊如何布局等问题的解释权交给巴方有一定的关系。如果当初中方能够对经济走廊的战略规划、线路布局、投融资方式等进行专业化、规范化的阐释，就会在很大程度上减少巴基斯坦国内的意见分歧和知识阶层的不满，降低共建项目的政治风险。后来的弥补措施也从另一方面说明细化资源统筹的重要性。

(二)在地中资企业应主动释疑解惑，进行针对性传播

笔者在考察中发现，当地民众（包括精英阶层）对中国以及"一带一路"倡议存疑，很大程度上是因为缺乏足够的渠道获取信息和得到全面的解读。这就要求中资企业在充分了解沿线各国需要与诉求的基础上，进行有针对性的传播，包括释疑解惑、舆论纠偏等，避免"一带一路"话语的主观性、空泛化与表面化。

针对性传播有助于释疑解惑。比如在缅甸，之所以存在对中国不利的舆论，一方面是受到西方的影响，另一方面与我们的项目不够透明有一定的关系。比如密松水电站给人的印象似乎很神秘（或许考虑到安全问题），就连当地友好人士都认为这个项目主要是为了解决中国自身的电力短缺问题。如果不进行解释和说明，误解和偏见就会进一步加深。

(三)中资企业应继续在当地推进惠民工程

在进行释疑解惑、舆论纠偏的同时，我们还要进一步加强与共建国家的文化交流，深入当地社会，为民众提供更多更好的公共产品和公共服务。据笔者了解，不少中资企业都在从事这方面的活动，效果不错，但是在传播方

面做得不够。一方面是因为企业自身缺少直达当地民众的信息平台,也没有与当地媒体以及中国驻外媒体建立起联动机制,不知道怎样进行传播;另一方面是因为有的企业不愿意多做主营项目以外的事,对信息交流也缺乏应有的重视。这两方面的倾向都应当引起重视,因为这不是关乎个体的局部性问题,而是关系到中国国家形象的整体性问题。

(四)中资企业应着力提高员工素质与危机意识

中资企业员工要与当地民众近距离接触,他们的行为不仅代表个人,也代表国家。但是他们也会犯错误。因此,我们应当树立这样的观念:在企业对外或对当地社会的传播中,我们不仅要讲形象塑造,也要讲形象修复、形象矫正。也就是说,首先要看看我们自己在哪些地方还没有做好做到位,包括是否遵守了当地的法律法规,是否保证了产品质量,是否文明经营没有破坏周边环境,等等,有问题就切实改进。客观地说,在许多问题上中国是被妖魔化了,但有些事情也反映出我们行为中的不足,这方面同样应当引起重视。

此外,"走出去"的企业是跨境经营,要提高企业员工的素质,必须了解所在国的历史文化、宗教信仰、政策法规、社会习俗;同时还要提高员工的危机意识。事实上,企业员工在当地遇到的一些问题与国内的似乎没有太大的差别,可是一旦采取动作,就涉及两国关系了。鉴于此,"走出去"的企业员工在自身身份认知方面应有所提升,要具有国家意识、形象意识和危机应对意识。

总而言之,中国对外传播主体已经进入多元化时代,传播效果的优劣不再由单一的传统媒体决定,而是由多元主体形成的合力决定。如果缺乏这种合力,媒体的软硬件条件再好,宣传策划方案再完备,也会因其他主体言行的落差而使正效应消失。因此,在新的环境下,中国的国际传播能力建设应当调整思路,从以主流媒体为主的国际传播能力建设转变为多元主体的国际传播能力共建,并为多元主体(包括中资企业员工)补上跨文化传播这一课。只有将"说"与"做"相结合,官方与民间相结合,大众传播与人际交往、网络传播等多种渠道、手段相结合,才能更好地整合资源,产生协同效应,取得预期效果。

(编辑:贾煜)

"一带一路"背景下中国跨国企业的品牌本土化策略研究:基于跨文化的视角

贾 煜 汪 涛 吕佳豫*

摘 要 "一带一路"倡议为中国企业的国际化发展带来了前所未有的机遇,与此同时,中国企业若想充分借助"一带一路"倡议的平台优势,拓展海外市场,实现品牌国际化,必须应对"一带一路"沿线国家和地区文化差异带来的挑战。品牌本土化策略是企业跨文化营销传播的有力手段,合理地使用品牌本土化策略有助于中国企业化解跨文化风险、提升海外市场绩效。为了厘清现有关于品牌本土化策略与企业绩效之间关系的研究存在的矛盾结论,本研究基于跨文化营销传播的视角,整合合法性逻辑和效率逻辑,探讨品牌本土化策略对企业国际化绩效的非线性影响以及可能存在的

---

* 贾煜,武汉大学新闻与传播学院讲师;汪涛,武汉大学经济与管理学院教授;吕佳豫,武汉大学经济与管理学院硕士生。

边界条件。本研究收集了在"一带一路"沿线国家和地区开展国际化业务的中国企业的问卷调查数据,并匹配东道国与母国之间的文化距离数据,经实证分析后发现:在跨文化营销传播中,品牌本土化策略对跨国企业海外市场绩效的影响存在"双刃剑"效应,即适度的品牌本土化策略有助于提升跨国企业市场绩效,但过度的品牌本土化策略会导致企业绩效的下滑。此外,东道国与母国之间的文化距离是影响"双刃剑"效应的关键,文化距离越大,"双刃剑"效应越显著。

关键词 跨文化营销传播;品牌本土化;国际化绩效;文化距离;"一带一路"倡议

A Study on Brand Localization Strategy of Chinese Multinational Enterprises under Background of "The Belt and Road" Initiative:The Cross-cultural Perspective

Abstract "The Belt and Road" Initiative has brought unprecedented opportunities for the internationalization development of Chinese enterprises. To make full use of the opportunities brought by "the Belt and Road" Initiative, Chinese enterprises must meet the challenges brought by the cultural differences in countries along "the Belt and Road". Brand localization strategy is a powerful tool for cross-cultural marketing communication, which can be used reasonably to help Chinese enterprises resolve cross-cultural risks and improve their overseas market performance. However, existing studies on the relationship between brand localization strategy and enterprise performance have reached conflicting conclusions.

To solve the contradictory problems of existing studies, this study integrates the logic of legitimacy and the logic of efficiency based on the perspective of cross-cultural marketing communication in the context of "the Belt and Road" to explore the non-linear impact of brand localization strategy on the internationalization performance of enterprises and the possible boundary conditions. The empirical analysis is conducted by collecting questionnaire data from Chinese enterprises engaging in international business in countries along "the Belt and Road" and matching them with data on cultural distance between the host and home countries.

The results show that, in cross-cultural marketing communication, the impact of brand localization strategy on MNEs' (Multinational Enterprises) overseas market performance is a "double-edged sword", that is, moderate brand localization strategy can indeed help improve MNEs' market performance, but excessive brand localization strategy can also lead to a decline of corporate performance. In addition, the cultural distance between the host country and the home country is a key contextual variable that affects the "double-edged sword" effect of brand localization, and the increase of cultural distance will strengthen the "double-edged sword" effect of brand localization strategy.

Keywords　cross-cultural marketing communication, brand localization, overseas market performance, cultural distance, "the Belt and Road" Initiative

2020年以来，面对复杂的国际形势以及全球新冠肺炎疫情的冲击，世界各国的经济和社会文化生活都受到了严重影响。与此同时，中国与"一带一路"沿线国家和地区通力合作，国际贸易和跨国企业发展表现出强大的韧性和活力。中国商务部统计显示，2020年中国对"一带一路"沿线国家非金融类直接投资达177.9亿美元，较2019年增长18.3%；中欧贸易班列开行超过1.2万列，同比上升50%。由此可见，即便在贸易保护主义抬头、新冠肺炎疫情全球扩散的国际环境下，"一带一路"倡议仍然有力地促进了中国与沿线国家和地区的经贸合作，推动了中国企业的国际化发展。但由于地理环境、历史背景、价值观念等原因，中国与"一带一路"沿线国家和地区的思维方式、风俗习惯、法律法规、沟通方式等存在差异，这给中国跨国企业带来了很多跨文化风险和挑战。在机遇与挑战并存的情境下，厘清在跨文化环境中影响中国企业经营成效的关键因素变得十分重要和迫切。

品牌本土化策略是企业跨文化营销传播的有力手段[①]，对企业的国际化绩效具有重要影响。品牌本土化策略是指跨国企业在东道国对企业的品牌战略进行本土化，其中必然涉及对核心品牌要素（例如产品、名称、标志、符

---

① Li D M, KREUZBAUER R, CHIU C Y, et al. Culturally polite communication: enhancing the effectiveness of the localization strategy [J]. Journal of cross-cultural psychology, 2020, 51(1): 49-69; CHUNG H F L, WANG C L, HUANG P H. A contingency approach to international marketing strategy and decision-making structure among exporting firms [J]. International marketing review, 2012, 29(1): 54-87.

号、标语、广告等)跨国界和跨文化的管理。[1] 现有品牌本土化策略与企业绩效关系的研究并无一致的结论。部分研究认为,品牌本土化战略的实施导致品牌在研发设计、战略规划和实施、资源分配、顾客熟悉等过程中的成本增加,降低了企业效率[2];部分研究从帮助企业更好地发现、吸收、利用东道国的知识与资源,品牌的美学定位和顾客认同等吸引力方面进行分析,发现实施品牌本土化策略对企业的发展更加有利[3]。然而,尽管现有研究已经注意到品牌本土化策略对企业绩效影响的双重作用,但相关实证检验的经验研究很少。

为了弥补这一研究不足,我们试图在本研究中厘清以下两个问题:

问题1:品牌本土化策略是否与跨国企业海外市场绩效存在非线性关系?

---

[1] ALASHBAN A A, HAYES L A, ZINKHAN G M, et al. International brand-name standardization/adaptation: antecedents and consequences[J]. Journal of international marketing, 2002, 10(3): 22-48;BAHADIR S C, BHARADWAJ S G, SRIVASTAVA R K. Marketing mix and brand sales in global markets: examining the contingent role of country-market characteristics[J]. Journal of international business studies, 2015, 46(5): 596-619.

[2] DIKOVA D, BROUTHERS K. International establishment mode choice: past, present and future[J]. Management international review, 2016, 56(4): 489-530;ALASHBAN A A, HAYES L A, ZINKHAN L A, et al. International brand-name standardization/adaptation: antecedents and consequences[J]. Journal of international marketing, 2002, 10(3): 22-48;MEULENAER S D, DENS N, PELSMACKER P D. Which cues cause consumers to perceive brands as more global?:a conjoint analysis[J]. International marketing review, 2015, 32(6): 606-626.

[3] RAO-NICHOLSON R, KHAN Z. Standardization versus adaptation of global marketing strategies in emerging market cross-border acquisitions[J]. International marketing review, 2017, 34(1): 138-158;KATSIKEAS C S, SAMIEE S, THEODOSIOU M. Strategy fit and performance consequences of international marketing standardization[J]. Strategic management journal, 2006, 27(9): 867-890.

问题 2：在什么情况下品牌本土化策略会强化跨国企业海外市场绩效的积极影响，或者弱化其消极影响？

一、理论分析与研究假设

（一）理论分析框架

合法性和效率的矛盾是跨国企业在东道国市场经营中必然要面临的挑战。① 合法性是在现行的法律法规、社会规范、价值观的定义下，用来判断组织行为是否是社会所需要的、合适的、恰当的一种总体认知。② 合法性可以分成规制合法性、规范合法性和认知合法性。③ 合法性逻辑来源于组织社会学的新制度主义。④ 根据合法性逻辑，跨国企业嵌入东道国的经济环境和制度环境中，当跨国企业与东道国的经济和制度环境长期一致，行为习惯和方式被东道国利益相关方接受时，才会被认为是合法的。⑤ 合法性决定了跨国

---

① YANG Z, SU C, FAM K-S. Dealing with institutional distances in international marketing channels: governance strategies that engender legitimacy and efficiency [J]. Journal of marketing, 2012, 76(3): 41-55.

② SUCHMAN M C. Managing legitimacy: strategic and institutional approaches [J]. Academy of management review, 1995, 20(3): 571-610.

③ ZIMMERMAN M A, ZEITZ G J. Beyond survival: achieving new venture growth by building legitimacy [J]. Academy of management review, 2002, 27(3): 414-431.

④ MEYER J W, ROWAN B. Institutionalized organizations: formal structure as myth and ceremony [J]. American journal of sociology, 1977, 83(2): 340-363; DIMAGGIO P, POWELL W W. The iron cage revisited: collective rationality and institutional isomorphism in organizational fields [J]. American sociological review, 1983, 48(2): 147-160.

⑤ KOSTOVA T, ZAHEER S. Organizational legitimacy under conditions of complexity: the case of the multinational enterprise [J]. Academy of management review, 1999, 24(1): 64-81.

企业在东道国市场的生存和发展状况。[①] 效率逻辑则来源于经济学理性主义[②]，与成本、效率等息息相关。

本研究整合了合法性逻辑和效率逻辑，在"一带一路"跨文化营销传播的背景下，对跨文化营销中品牌本土化策略与东道国市场绩效之间的关系进行探究，揭示品牌本土化策略与东道国市场绩效之间存在的非线性关系，研究框架如图1所示。具体而言，本研究基于合法性逻辑提出，适度的品牌本土化策略可以通过"增加跨国企业在东道国市场的规制合法性、规范合法性和认知合法性"这一机制来提升跨国企业在东道国市场的绩效；同时，基于效率逻辑，本研究认为过度的品牌本土化策略可以通过"阻碍规模经济性效应，增加经营成本""加剧跨国企业内部的管理冲突和协调困难"两个负向机制降低跨国企业在东道国市场的绩效。综上所述，本研究通过整合合法性和效率双重逻辑，提出跨文化营销中的品牌本土化策略与东道国市场绩效之间存在倒U形关系。同时，这一倒U形关系会受东道国与母国之间文化距离的影响，即国家之间的文化距离强化了品牌本土化策略与东道国市场绩效之间的倒U形关系。通过对品牌本土化策略与东道国市场绩效之间倒U形关系的作用边界分析，本研究从国家文化差异的视角厘清了合法性逻辑和效率逻辑整合效应的作用边界。

[①] LI J, XIA J, LIN Z. Cross-border acquisitions by state-owned firms: how do legitimacy concerns affect the completion and duration of their acquisitions? [J]. Strategic management journal, 2017, 38(9): 1915-1934; ROTTIG D, REUS T H. Institutional distance, organizational legitimacy, and the performance of foreign acquisitions in the United States [J]. Academy of management annual meeting proceedings, 2009, 2009(1): 1-6.

[②] COASE R H. The nature of the firm [J]. Economica-new series, 1937, 4(16): 386-405.

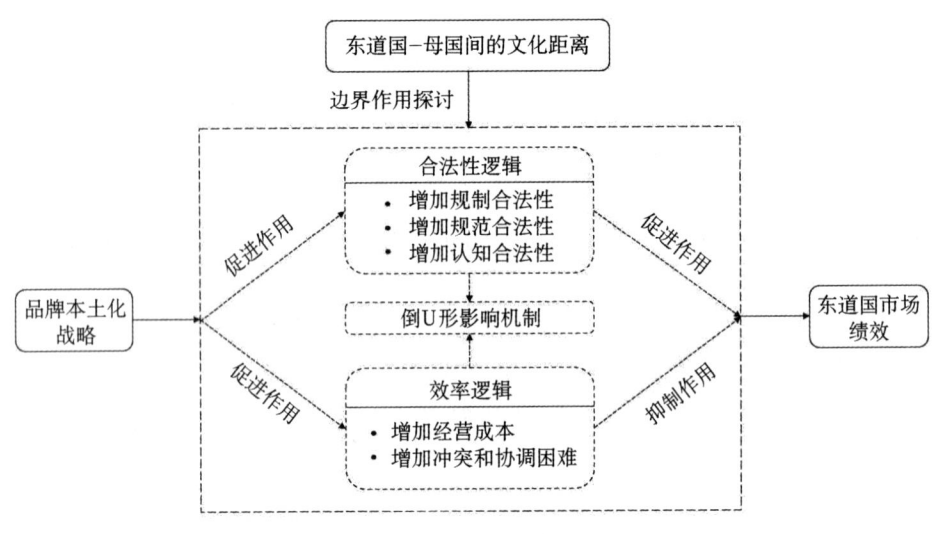

图 1 理论分析框架

(二)品牌本土化策略与企业绩效

根据合法性逻辑和效率逻辑,本研究认为,适当的品牌本土化策略对企业绩效有积极影响,而过度的品牌本土化策略则会降低企业绩效。基于此,本研究提出,跨文化营销中的品牌本土化策略与东道国市场绩效之间存在倒 U 形关系,具体影响机制如下:

基于合法性逻辑,本研究认为,跨文化营销中的品牌本土化策略可以通过提升跨国企业在东道国市场的规制、规范和认知合法性,提升其市场绩效。(1)跨国企业品牌本土化策略可以更加深入地嵌入东道国,通过学习东道国市场的法律和规章制度,使跨国企业在品牌命名、商标使用、营销传播等方面满足东道国法律和市场制度的强制性要求①,提升跨国企业在东道国市场的规制合法性,进而提升企业绩效。(2)实施品牌本土化策略,可以帮助跨国企业更加快速地洞察当地消费模式和市场发展需求②,迅速调整以往的品牌传播实践和管理方式,使其更符合当地市场规范③,增加规范合理性,提升企业在东道国市场的竞争力与绩效。(3)实施本土化的品牌战略,例如使用让东道国利益相关者更容易理解的品牌名称、标志和广告诉求等④,可以帮助跨国企业采用更加符合东道国利益相关者文化偏好的沟通策略,来获得消费者的认可与支持⑤,同时减少对来源国的刻板印象,提升产品的积

---

① WESTJOHN S A, MAGNUSSON P. Export performance: a focus on discretionary adaptation [J]. Journal of international marketing, 2017, 25(4): 70-88;JEONG I, LEE J H, KIM E. Determinants of brand localization in international markets [J]. Service business, 2019, 13(1): 75-100.

② ARIKAN I, KOPARAN I, ARIKAN A M, et al. Dynamic capabilities and internationalization of authentic firms: role of heritage assets, administrative heritage, and signature processes [J/OL]. Journal of international business studies, 2019(10)[2020-12-20]. https://doi.org/10.1057/s41267-019-00261-5.

③ STEENKAMP J, BATRA R, ALDEN D L. How perceived brand globalness creates brand value [J]. Journal of international business studies, 2003, 34(1): 53-65.

④ BROUTHERS L E, O'DONNELL E, KEIG D L. Isomorphic pressures, peripheral product attributes and emerging market firm export performance [J]. Management international review, 2013, 53(5): 687-710.

⑤ CELHAY F, CHENG P Y, MASSON J, et al. Package graphic design and communication across cultures: an investigation of Chinese consumers' interpretation of imported wine labels [J]. International journal of research in marketing, 2020, 37(1): 108-128.

极形象[1],增加认知合法性,提升市场绩效。

基于效率逻辑,本研究认为,跨文化营销中的过度的品牌本土化策略会导致运营成本的增加以及管理、协调困难,降低东道国市场绩效。(1)当品牌本土化策略使用过度时,规模经济性难以实现,成本增加,绩效降低。具体而言,跨国企业在东道国实施的本土化战略需要根据东道国的文化、习俗和规范等进行品牌战略调整[2],这种调整与全球标准化带来的规模和范围经济相悖,增加了由品牌适应性和品牌运营带来的昂贵成本。[3] (2)品牌本土化策略的过度使用,将增加跨国企业内部的管理矛盾和协调困难,降低绩效。过度实施品牌本土化策略使得跨国企业在东道国的分支机构大幅更改跨国企业以往的内部经验与惯例,甚至造成跨国企业在品牌定位、推广和传播等方面的理念不一致[4],从而增加了运营管

---

[1] WANG X H, YANG Z L. Does country-of-origin matter in the relationship between brand personality and purchase intention in emerging economies? Evidence from China's auto industry [J]. International marketing review, 2008, 25(4): 458-474; ZEUGNER R K P, DIAMANTOPOULOS A, ANGELES M M. Home country image, country brand equity and consumers' product preferences: an empirical study [J]. Management international review, 2008, 48(5): 577-602.

[2] JEONG I, LEE J H, KIM E. Determinants of brand localization in international markets [J]. Service business, 2019, 13(1): 75-100.

[3] STEENKAMP J, BATRA R, ALDEN D L. How perceived brand globalness creates brand value [J]. Journal of international business studies, 2003, 34(1): 53-65.

[4] MAGNUSSON P, WESTJOHN S A, SEMENOV A V, et al. The role of cultural intelligence in marketing adaptation and export performance [J]. Journal of international marketing, 2013, 21(4): 44-61; SASAKI I, NUMMELA N, RAVASI D. Managing cultural specificity and cultural embeddedness when internationalizing: cultural strategies of Japanese craft firms [J]. Journal of international business studies, 2021(52): 245-281.

理的复杂性①,以及东道国分支机构与跨国企业之间沟通和理解的难度与协调成本②。

综上所述,基于合法性逻辑和效率逻辑的整合视角,跨国企业在跨文化营销中的品牌本土化策略与东道国市场绩效之间存在非线性关系,即随着品牌本土化策略的实施,东道国市场绩效也会相应提升;但过度的品牌本土化策略会带来负面效应,导致品牌本土化策略与绩效之间呈现出相反的变化趋势,即负向关系。基于此,本研究提出如下假设:

H1:跨国企业在跨文化营销中的品牌本土化策略对东道国市场绩效存在倒 U 形影响。

(三)文化距离的调节作用

文化距离指东道国与母国之间在法律法规、社会规范、价值观念、语言习俗等方面的差异程度③,被广泛应用于国际营销传播和跨文化管理领域的研究④。有证据表明,在跨文化管理中,母国与东道国之间的文化距离会

---

① TARBA S Y, AHAMMAD M F, JUNNI P, et al. The impact of organizational culture differences, synergy potential, and autonomy granted to the acquired high-tech firms on the M&A performance [J]. Group & organization management, 2019, 44(3): 483-520.
② GREWAL R, SAINI A, KUMAR A, et al. Marketing channel management by multinational corporations in foreign markets [J]. Journal of marketing, 2018, 82(4): 49-69.
③ JIA Y, WANG T, XIAO K F, et al. How to reduce opportunism through contractual governance in the cross-cultural supply chain context: evidence from Chinese exporters [J]. Industrial marketing management, 2020, (91): 323-337.
④ BEUGELSDIJK S, KOSTOVA T, KUNST V E, et al. Cultural distance and firm internationalization: a meta-analytical review and theoretical implications [J]. Journal of management, 2018, 44(1): 89-130.

影响或改变跨国企业的战略决策。①

  文化距离可以通过以下机制来调节品牌本土化策略与东道国市场绩效之间的关系。一方面,文化距离会强化品牌本土化策略与企业绩效之间的正向关系。具体原因如下:文化距离越大,跨国企业了解和熟悉东道国市场的法律法规、商业惯例、消费者习惯等就越难②,同时文化差异的存在也容易造成东道国利益相关者对外来企业的误解和歧视③。在这种情况下,跨国公司迫切需要调整其品牌管理思维和传播实践,使其品牌本地化,适应东道国的需求,获得东道国市场利益相关者的认可。④ 当跨国文化环境存在差异时,根据东道国制度规范和文化习俗进行调整的品牌传播战略更加合适和

---

① JIA Y, WANG T, XIAO K F, et al. How to reduce opportunism through contractual governance in the cross-cultural supply chain context: evidence from Chinese exporters [J]. Industrial marketing management, 2020(91):323-337;BEUGELSDIJK S, KOSTOVA T, KUNST V E, et al. Cultural distance and firm internationalization: a meta-analytical review and theoretical implications [J]. Journal of management, 2018, 44(1): 89-130.

② JIA Y, WANG T, XIAO K F, et al. How to reduce opportunism through contractual governance in the cross-cultural supply chain context: evidence from Chinese exporters [J]. Industrial marketing management, 2020(91): 323-337.

③ YANG Z, SU C, FAM K-S. Dealing with institutional distances in international marketing channels: governance strategies that engender legitimacy and efficiency [J]. Journal of marketing, 2012, 76(3): 41-55.

④ BAHADIR S C, BHARADWAJ S G, SRIVASTAVA R K. Marketing mix and brand sales in global markets: examining the contingent role of country-market characteristics [J]. Journal of international business studies, 2015, 46(5): 596-619.

有效①,更能获得在东道国市场的合法性,而跨国企业在东道国具有较高合法性有利于企业绩效的提升②。因此,文化距离通过增加跨国企业在东道国市场的合法性压力,强化了品牌本土化策略与东道国市场绩效之间的正向关系。

另一方面,文化距离也强化了品牌本土化策略与东道国市场绩效之间的负向关系。(1)若文化距离较大,跨国公司需要更加关注因实施品牌本土化策略而导致的母国与东道国在品牌传播活动和管理实践上的差异。高文化距离将大幅加剧文化冲突③,增加品牌本土化实施的整合壁垒,包括跨国公司与东道国分支机构之间的管理协调和实践转化难度以及代理成本等④。因此,过大的文化距离会增加品牌本土化策略的协同困难,强化品牌本土化策略对企业绩效的负向影响。(2)文化距离过大也会增加外国跨国企业在

---

① LI D M, KREUZBAUER R, CHIU C Y, et al. Culturally polite communication: enhancing the effectiveness of the localization strategy [J]. Journal of cross-cultural psychology, 2020, 51(1): 49-69;CHUNG H F L, WANG C L, HUANG P H. A contingency approach to international marketing strategy and decision-making structure among exporting firms [J]. International marketing review, 2012, 29(1): 54-87.

② 汪涛,贾煜,王康,崔楠.中国企业的国际化战略:基于新兴经济体企业的视角[J].中国工业经济,2018(5):175-192.

③ LARSSON R, FINKELSTEIN S. Integrating strategic, organizational, and human resource perspectives on mergers and acquisitions: a case survey of synergy realization[J]. Organization science, 1991,10(1): 1-26.

④ TARBA S Y, AHAMMAD M F, JUNNI P, et al. The impact of organizational culture differences, synergy potential, and autonomy granted to the acquired high-tech firms on the M&A performance [J]. Group & organization management, 2019, 44(3): 483-520.

东道国的市场模糊性、风险和障碍,增加其在东道国市场的学习和模仿困难①,令其难以在东道国市场实施品牌本土化策略。这导致品牌本土化策略的学习、模仿和转化成本提升,也可能导致理解困难,出现"东施效颦"的情况。例如,意大利奢侈品牌D&G在中国市场的品牌宣传片"起筷吃饭",被质疑存在歧视中国传统文化的嫌疑,最终导致其退出中国市场。因此,过高的文化距离会增加品牌本土化的适应性成本和模仿风险,强化品牌本土化策略对企业绩效的负向影响。综上所述,随着文化距离的增加,品牌本土化策略与企业绩效之间的正向关系,以及过度的品牌本土化策略与企业绩效之间的负向关系都得到了加强,因此本研究提出如下假设:

H2:文化距离强化了跨国企业品牌本土化策略与东道国市场绩效之间的倒U形关系。

二、实证研究设计

(一)数据收集

为了避免共同方法偏差的影响,本研究采用了不同的数据来源:问卷调查数据和二手数据库数据。关于问卷调查数据,由于本研究基于"一带一路"的跨文化营销情境,因此,本研究以在"一带一路"沿线国家设有子公司或分支机构的中国企业为样本。关于问卷数据,我们委托一家全国性的市

---

① JIA Y, WANG T, XIAO K F, et al. How to reduce opportunism through contractual governance in the cross-cultural supply chain context: evidence from Chinese exporters [J]. Industrial marketing management, 2020(91): 323-337; YANG Z, SU C, FAM K-S. Dealing with institutional distances in international marketing channels: governance strategies that engender legitimacy and efficiency [J]. Journal of marketing, 2012, 76(3): 41-55.

场调研公司来收集,已有研究发现,这是新兴经济体获取可靠有效数据的首选方法[①]。为了达到本研究的目的,我们制定了三个标准来选择合格的中国公司。首先,被调查企业必须在"一带一路"沿线国家和地区设有子公司或者分支机构;其次,被调查企业在"一带一路"沿线国家和地区开展跨文化营销实践;最后,被调查企业不能为外国人所有,其创始人必须是中国人,以此来准确地界定母国信息。

对于关键变量的测量,我们使用了国际成熟量表,为了确保这些问卷题项表述的准确性和完整性,我们对三名有海外市场营销经验的企业高管进行了访谈,保证这些题项的表面效度。在正式数据收集阶段,采访者以摘要报告的形式将研究的学术性质及其答复的机密性告知受访者。各企业海外业务部负责人是主要调查对象。我们基于被调查者对问卷中以下问题的回答:"你对公司的哪些业务活动比较熟悉?"删除无效问卷,以此保证被调查者非常了解其所在企业的海外营销活动。首先,被调查者选择其所在企业在"一带一路"沿线国家和地区的子公司或者分支机构作为基准目标。之后,被调查者填写了与基准目标有关的问卷调查。与 Kumar 等人的方法类似,被调查者只提供了他们认为自己能够评估的属性数据。[②] 关于二手数据,我们使用了霍夫斯泰德开发的国家文化数据库,根据其国家文化四维度模型,引入国家间距离的计算公式,以此来测算调节变量,即文化距离。我

---

① YANG Z, SU C, FAM K-S. Dealing with institutional distances in international marketing channels: governance strategies that engender legitimacy and efficiency [J]. Journal of marketing, 2012, 76(3): 41-55; SHENG S, ZHOU K Z, LI J J, et al. Institutions and opportunism in buyer-supplier exchanges: the moderated mediating effects of contractual and relational governance [J]. Journal of the academy of marketing science, 2018, 46(6): 1014-1031.

② KUMAR N, STERN L W, ANDERSON J C. Conducting interorganizational research using key informants [J]. Academy of management journal, 1993, 36(6): 1633-1651.

们以东道国信息作为共同 ID,以此把问卷调查数据和二手数据进行匹配。问卷调查共收到 189 份有效问卷,通过与东道国和母国之间文化距离的数据进行匹配,有效问卷为 158 份,剔除了 31 份没有东道国与母国之间文化距离数据的问卷。

统计后发现,被调查者所在企业的子公司或者分支机构分散在 23 个不同的"一带一路"沿线东道国,这使我们能够捕捉文化距离的异质性。总体而言,样本还涵盖了不同行业、不同规模、不同所有权性质的企业。样本特征统计如表 1 所示。

表 1 最终的样本特征描述

变量名称	频数	百分比
排名前五的东道国(新加坡、泰国并列第五)		
越南	17	10.76%
印度	16	10.13%
俄罗斯	15	9.49%
马来西亚	14	8.86%
新加坡	11	6.96%
泰国	11	6.96%
销售额(百万元)		
小于等于 10	12	7.59%
10—50	30	18.99%
50—100	35	22.15%
100—500	61	38.61%
500 以上	20	12.66%
所有权性质		
国企	48	30.38%
非国企	110	69.62%
行业		
食品、饮料类	32	20.25%
餐饮、旅游类	25	15.82%
电子、机械类	40	25.32%
建筑类	18	11.39%
其他	43	27.22%

(二)变量测量

品牌本土化策略。本研究参考了 Jeong 等人的研究[①],设计了 4 个题项,分别是:贵公司在目标东道国市场的品牌名称与东道国文化相一致;贵公司在目标东道国市场的品牌标志(logo)与东道国文化相一致;贵公司在目标东道国市场的品牌商标与东道国文化相一致;贵公司在目标东道国市场的品牌标语与东道国文化相一致。量表信度系数是 0.91,说明该量表具有很好的信度。

海外市场绩效。本研究参考了 Zou 等人的研究[②],设计了 3 个题项,分别是:与主要竞争对手相比,贵公司所在目标东道国的销售增长是令人满意的;与主要竞争对手相比,贵公司所在目标东道国的市场占有率增长是令人满意的;与主要竞争对手相比,贵公司所在目标东道国的销售利润率增长是令人满意的。量表信度系数是 0.95,具有很好的信度。

文化距离。文化距离的计算使用了 Kogut 和 Singh 的距离公式[③],基于霍夫斯泰德的国家文化四维度模型数据进行测算。文化距离指数表明了母国与东道国在文化价值、社会规范和认知等方面的差异的水平,并已被广泛

---

① JEONG I, LEE J H, KIM E. Determinants of brand localization in international markets [J]. Service business, 2019, 13(1): 75-100.
② ZOU S, CAVUSGIL T S. The GMS: a broad conceptualization of global marketing strategy and its effect on firm performance [J]. Journal of marketing, 2002, 66(4): 40-56.
③ KOGUT B, SINGH H. The effect of national culture on the choice of entry mode [J]. Journal of international business studies, 1988, 19(3): 411-432.

应用于跨文化管理研究。① 霍夫斯泰德国家文化四维度模型包括了权力距离、不确定性规避、个人主义/集体主义、男性气质/女性气质四个子维度。具体计算公式如下：

$$CD_j = \sum_{i=1}^{4}\{(I_{ij} - I_{iu})^2 / V_i\}/4$$

其中，I_{ij} 表示第 i 个文化维度和第 j 个国家的指数，V_i 是指第 i 个文化维度的方差，u 代表中国，CD_j 代表第 j 个国家与中国之间的文化距离。

控制变量。借鉴先前的研究，本研究控制了一些企业特征、行业类型和东道国竞争环境，以排除一些潜在混杂因素的影响。在企业层面，本研究控制了三个特征变量，分别是企业规模、企业国际化经验和企业所有权性质。企业规模以过去三年企业的平均销售额来衡量，由于该变量数值差异较大，因此本研究将销售额取对数，以此作为企业规模的代理变量；企业国际化经验参考了 Daily 等人的研究②，设计了 3 个题项来测量；企业所有权性质为虚拟变量，1 代表国有企业，0 代表非国有企业。在行业层面，本研究控制被调查企业的行业类型。在东道国层面，本研究控制了东道国的竞争强度，该变量参考了 Jaworski 和 Kohli 的研究③，设计了 6 个题项来测量。

---

① LÓPEZ-DUARTE C, VIDAL-SUÁREZ M M. Cultural distance and the choice between wholly owned subsidiaries and joint ventures [J]. Journal of business research, 2013, 66 (11): 2252-2261; TIHANYI L, GRIFFITH D A, RUSSELL C J. The effect of cultural distance on entry mode choice, international diversification, and MNE performance: a meta-analysis [J]. Journal of international business studies, 2005, 36(3): 270-283; JIA Y, WANG T, XIAO K, et al. How to reduce opportunism through contractual governance in the cross-cultural supply chain context: evidence from Chinese exporters [J]. Industrial marketing management, 2020, (91): 323-337.

② DAILY C M, CERTO S T, DALTON D R. International experience in the executive suite: the path to prosperity? [J]. Strategic management journal, 2000, 21(4): 515-523.

③ JAWORSKI B J, KOHLI A K. Market orientation: antecedents and consequences [J]. Journal of marketing, 1993, 57(3): 53-71.

三、数据分析与结果

(一)共同方法偏差检验

为了避免同源偏差的影响,本研究使用了不同的数据来源以测量关键变量的信息。具体来讲,本研究的自变量和因变量来源于问卷调查数据,而调节变量来源于二手数据库,基于不同的数据来源,可以克服同源偏差。除此以外,我们还使用两种方法来检验共同方法偏差的具体影响。一方面,我们采用 Harman 单因素分析。① 结果表明,单因素解释的方差仅为 28.78%,累积因素解释方差占总方差的 73.27%。第一个没有旋转的因素远低于 50% 的标准。另一方面,我们使用 Lindell 和 Whitney 推荐的标记变量法对常用方法方差进行检验。② 以被调查者的年龄作为标记变量,这一变量与我们的研究变量之间没有显著的关系。控制标记变量后得到的偏相关系数不显著,因此,本研究的同源偏差影响非常有限。

(二)验证性因素分析与描述统计

首先,我们使用验证性因素分析(CFA)来估计效度。整体 CFA 模型表明,量表具有良好的模型拟合性,其中 x^2/df 为 1.25,比较拟合指数(CFI)为 0.97,Tucker-Lewis 指数(TLI)为 0.98,近似均方根误差(RMSEA)为 0.04。

---

① PODSAKOFF P M, MACKENZIE S B, JEONG-YEON L, et al. Common method biases in behavioral research: a critical review of the literature and recommended remedies [J]. Journal of applied psychology, 2003, 88(5): 879-903.

② LINDELL M K, WHITNEY D J. Accounting for common method variance in cross-sectional research designs [J]. Journal of applied psychology, 2001, 86(1): 114-121.

收敛有效性需要所有因子载荷大于 0.6 或更高。本研究所有标准化因子载荷都在这个阈值之上。此外,我们通过检验平均方差提取、因子负荷和综合信度来评估收敛效度。表 2 显示,所有 AVE 值都远高于 0.5 这一推荐阈值,所有 CR 值都超过 0.7 基准值。表 3 展示了变量之间的描述统计和相关系数矩阵。

表 2 效度检验

	因子荷载	AVE	CR
品牌本土化策略		0.72	0.91
贵公司在目标东道国市场的品牌名称与东道国文化相一致	0.82		
贵公司在目标东道国市场的品牌标志(logo)与东道国文化相一致	0.88		
贵公司在目标东道国市场的品牌商标与东道国文化相一致	0.83		
贵公司在目标东道国市场的品牌标语与东道国文化相一致	0.86		
海外市场绩效		0.85	0.95
与主要竞争对手相比,贵公司所在目标东道国的销售增长是令人满意的	0.91		
与主要竞争对手相比,贵公司所在目标东道国的市场占有率增长是令人满意的	0.93		
与主要竞争对手相比,贵公司所在目标东道国的销售利润率增长是令人满意的	0.93		
国际化经验		0.65	0.85
贵公司管理团队具有管理多个海外市场的工作经验	0.83		
贵公司管理团队具有长期从事海外市场管理的工作经历	0.85		
贵公司管理团队在国际营销、财务、运营等方面具有较为深刻的认识	0.73		
竞争强度		0.61	0.90
在目标东道国,市场竞争是残酷的	0.78		
在目标东道国,有很多"促销战"	0.69		
在目标东道国,一个竞争对手能提供的任何东西其他竞争对手都能轻易匹敌	0.80		
在目标东道国,价格竞争是一大特点	0.77		
在目标东道国,人们几乎每天都能听到竞争激烈的新动向	0.82		
在目标东道国,竞争对手相对较强	0.81		

表 3　描述统计和相关系数

	1	2	3	4	5	6	7
品牌本土化策略	1						
东道国市场绩效	0.43	1					
文化距离	0.33	0.17	1				
企业规模	0.18	−0.01	0.04	1			
国际化经验	0.25	0.17	0.14	0.13	1		
所有权性质	−0.10	−0.15	−0.12	0.04	−0.10	1	
东道国竞争强度	0.01	0.04	0.01	−0.04	0.08	−0.02	1
均值	4.53	5.11	1.51	4.85	4.85	0.30	4.87
标准差	1.07	0.86	0.74	1.85	0.92	0.46	1.16
最大值	6.50	7.00	3.24	11.29	6.33	1.00	6.67
最小值	1.50	3.00	0.43	−2.30	2.00	0	1.00

(三) 模型设定

为了实现本研究的研究目的,根据研究假设依次构建如下计量模型:

$$Y = \beta_{10} + \sum \beta_{1n} \times Controls_{1n} + \varepsilon \quad (1)$$

$$Y = \beta_{20} + \beta_{21} \times X + \beta_{22} \times X^2 + \beta_{23} \times M + \sum \beta_{2n} \times Controls_{2n} + \varepsilon \quad (2)$$

$$Y = \beta_{30} + \beta_{31} \times X + \beta_{32} \times X^2 + \beta_{33} \times M + \beta_{34} \times X \times M + \beta_{35} \times X^2 \times M + \sum \beta_{3n} \times Controls_{3n} + \varepsilon \quad (3)$$

其中,Y 为因变量"东道国市场绩效",X 为自变量"品牌本土化策略",M 为调节变量"文化距离",Controls 是控制变量的合集,包括了企业规模、国际化经验、所有权性质、东道国竞争强度、所在行业。

(四) 假设检验

我们用层级回归分析来检验上文提出的研究假设。从所有的控制变量和调节变量开始,之后包括了品牌本土化策略和其平方项。模型1检验了控制变量对东道国市场绩效的影响;模型2在控制变量的基础上,加入了调节变量(文化距离)和自变量(品牌本土化策略)及其平方项;模型3加入了自变量与调节变量的交互项,以及自变量的平方项与调节变量的交互项。表4为层级回归的检验结果。

根据表4中模型2所示,品牌本土化策略对东道国市场绩效具有显著的正向影响($\beta=2.15$,$p<0.01$),而品牌本土化策略的平方项系数为负且显著($\beta=-0.21$,$p<0.01$),这说明品牌本土化策略与企业东道国市场绩效之间存在倒U形关系,进而证明了假设1。由此可见,品牌本土化策略对于企业东道国市场绩效具有显著的"双刃剑"效应,即适当的品牌本土化策略能够显著地提升跨国企业在东道国市场的绩效,而过度的品牌本土化策略会降低跨国企业在东道国市场的绩效。

模型3检验了文化距离对品牌本土化策略与东道国市场绩效之间倒U形关系的调节作用。模型3中增加了品牌本土化策略与文化距离的交互项以及品牌本土化策略的平方项与文化距离的交互项,层级回归的结果显示,品牌本土化策略的平方项与文化距离的交互项系数为负且显著($\beta=-0.11$,$p<0.1$),这说明文化距离强化了品牌本土化策略与东道国市场绩效之间的倒U形关系,假设2得到了支持。这一结果说明,在东道国与母国文化距离较大的情况下,跨文化营销中的品牌本土化策略对企业东道国市场绩效影响的积极作用和消极作用都得了增强。

表 4 层级回归结果

变量	东道国市场绩效		
	模型 1	模型 2	模型 3
自变量			
品牌本土化策略		2.15***	1.43**
		(5.85)	(2.01)
品牌本土化策略平方项		−0.21***	−0.20**
		(−5.00)	(−2.44)
调节变量			
文化距离		0.04	−4.08***
		(0.45)	(−3.37)
交互项			
品牌本土化策略×文化距离			1.40***
			(2.69)
品牌本土化策略平方项×文化距离			−0.11*
			(−1.94)
控制变量			
企业规模	−0.01	−0.04	−0.04
	(−0.28)	(−1.15)	(−1.39)
国际化经验	0.15**	0.13*	0.19***
	(2.05)	(1.97)	(2.98)
所有权性质	−0.24	−0.12	−0.11
	(−1.63)	(−0.96)	(−0.92)
东道国竞争强度	0.03	0.04	−0.00
	(0.57)	(0.70)	(−0.04)
行业类型	控制	控制	控制
ΔR2	0.02	0.29	0.39
F	1.97	10.13	12.08

注：括号内为 t 值；* $p<0.1$，** $p<0.05$，*** $p<0.01$

为了进一步验证品牌本土化策略对东道国市场绩效的倒 U 形影响,以及文化距离对该倒 U 形关系的调节作用,本研究绘制了调节变量"文化距离"对倒 U 形关系的调节效应图,如图 2 所示。图 2 对文化距离的调节作用进行了分析,当品牌本土化策略程度较低时,在文化距离较大的情况下,随着品牌本土化程度的增加,跨国企业在东道国的市场绩效快速提升;而当文化距离较小时,随着品牌本土化程度的增加,市场绩效提升的速度明显放缓。然而,当品牌本土化策略程度较高时,在文化距离较大的情况下,跨国企业在东道国的市场绩效随着品牌本土化程度的增加而降低;在文化距离较小的情况下,东道国市场绩效与品牌本土化程度之间的反向变化则变得非常微弱,此时随着品牌本土化程度的增加,市场绩效仅出现非常小的下降幅度。此外,在文化距离较大的情况下,倒 U 形关系的拐点比文化距离较小时向右进行了移动,这一结果与基于 Haans 等人[①]提供的判定方法计算出的结果是一致的。综上所述,在文化距离较大的情况下,品牌本土化策略与东

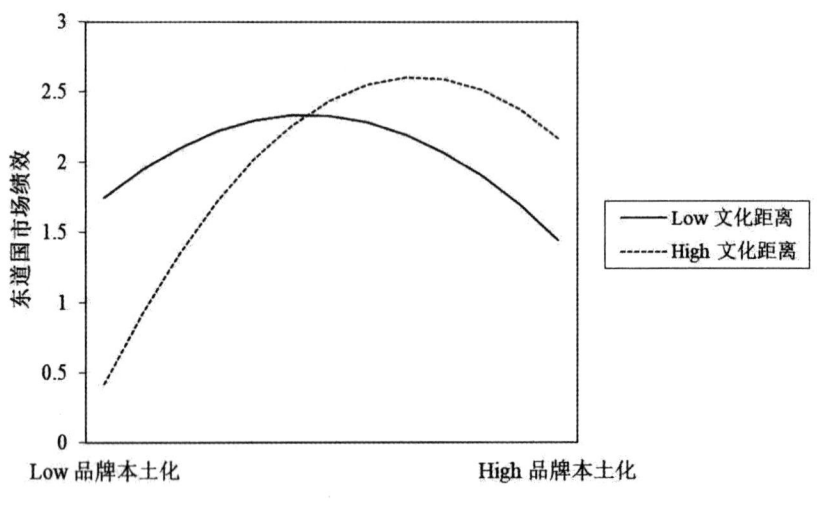

图 2　文化距离的调节效应

---

① HAANS R F J, PIETERS C, HE Z L. Thinking about U: theorizing and testing U-and inverted U-shaped relationships in strategy research[J]. Strategic management journal, 2016, 37(7):1177-1195.

道国市场绩效之间的倒 U 形关系变得更强；而在文化距离较小的情况下，品牌本土化策略与东道国市场绩效之间的倒 U 形关系被显著弱化了。因此，假设 2 得到了进一步的验证。

四、研究结论与讨论

本研究基于跨文化传播的背景，聚焦中国企业品牌本土化策略的实施效果，这在贸易保护主义抬头、新冠肺炎疫情全球扩散和"一带一路"倡议重构全球经济新秩序的大背景下显得更加重要。本研究丰富了品牌本土化策略的相关理论，也为中国企业更好地实现"一带一路"跨文化经营、实现品牌国际化提供了启示。具体而言，本研究整合了合法性和效率双重逻辑，在"一带一路"跨文化营销背景下，对跨文化传播中的品牌本土化策略与跨国企业东道国市场绩效之间的非线性关系，以及东道国与母国之间的文化距离在其中的调节作用进行了深入探讨和实证检验。结果发现，在跨文化传播中，品牌本土化策略与跨国企业的海外市场绩效提升呈倒 U 形关系，即品牌本土化策略具有"双刃剑"效应，适度的品牌本土化策略确实有助于提升跨国企业的市场绩效，但是过度的品牌本土化策略会导致企业绩效的下滑。此外，东道国与母国之间的文化距离是影响品牌本土化策略"双刃剑"效应的关键的情境变量，研究发现，文化距离的增加会强化这一"双刃剑"效应。即，在文化距离越大的东道国市场，中国企业实施适度的品牌本土化策略更有利于企业绩效的提升。

同时，本研究也存在一些局限，期待未来可以进行进一步探讨。首先，跨国企业面临的外部竞争环境以及内部资源和能力对品牌本土化的"双刃剑"效应也有一定影响，未来，品牌本土化策略影响跨国企业绩效的其他作用情境和边界条件有待深入探讨。其次,未来的研究可以挖掘一些衡量企业的客观数据,例如市场占有率、销售增长率、利润率等,降低问卷评价方式中的主观性,从多方面验证本研究结论的普适性和严谨性。再次,本研究的数据是通过问卷获取的横截面数据,这限制了本研究排除其他因果干扰的能力,未来的研究可使用纵向研究设计,例如数据库面板数据或者纵向追踪数据,进一步检验其中的动态因果关系。最后,当下海外媒体对中国企业和品牌国际化的报道,更多地集中于"民族、宗教矛盾""劳资纠纷"等负面消息,虽然有"博眼球、赚流量"的诉求,但是也客观反映出中国企业和品牌与东道国社会的文化融入难题,面对这种情况,中国企业如何通过跨文化营销和品牌传播策略进行化解?什么样的营销传播策略会更加有效?这些问题亟待未来作进一步探讨。

(编辑:肖劲草)

BBC"蛋炒饭"的反应视频研究

◆ 方 俊 张 磊*

摘 要 饮食肴馔是人类文化的重要表征,这从稻米在东亚文化中的地位可见一斑。2020年,一个蛋炒饭制作视频在社交媒体YouTube上引发了一场亚裔博主的吐槽狂欢。本文在跨文化传播、饮食人类学与互联网文化研究的理论观照之下,对"蛋炒饭事件"的反应视频进行文本细读与文化实践分析,理解其中的跨文化传播性质。本文认为,"蛋炒饭事件"的吐槽以反应视频为主,呈现了互联网的多重凝视关系,具体包括三个面向,即亚裔博主对于西式蛋炒饭的审视性凝视、带有表演性的认同式凝视,以及粉丝的窥视性凝视。互联网形成了一种跨文化的目光机制。

---

* 方俊,武汉体育学院新闻传播学院讲师,中国传媒大学传播研究院博士生;张磊,中国传媒大学国家传播创新研究中心研究员、博士生导师。

关键词 跨文化传播;饮食人类学;反应视频;社交媒体

A Study on Reaction Videos of BBC's Egg-fried Rice from the Perspective of Intercultural Communication

Abstract:Food works as an important cultural symbol, which can be shown by the anthropological study of rice in East Asian culture. In 2020, a short video which teaches how to make egg-fried rice trigged virus distribution and mocking by Asian vlogger on YouTube. This paper analyzes the reaction videos of the 'egg-fried rice' video from the perspective of intercultural communication, food anthropology and cultural study of Internet. This paper finds a multiple mechanism of gaze on Internet, including the critical gaze of otherness, the performative identification gaze, and the voyeuristic gaze of fans.

Keywords:intercultural communication, anthropology of food, reaction video, social media

在人类生活中,饮食肴馔早已被打上文化的印记。互联网延续了这种印记,还将其投射、放大、凸显,甚至演绎出充满故事张力的网络戏剧。就中国饮食文化而言,无论是《舌尖上的中国》激发全球华人的文化记忆,还是李子柒的全套饮食实践带来的田园想象,都提醒我们,饮食是互联网跨文化传播的一个鲜明主题。

2019年4月25日,英国广播公司(BBC)在社交媒体Facebook上发布了美食博主 Hersha Patel 制作蛋炒饭的视频。看似平淡无奇的美食节目，却在社交媒体 YouTube 上引发了一场狂欢。华裔演员黄瑾瑜(Nigel Ng)在其扮演"罗杰大叔"(Uncle Roger)的脱口秀节目中对 Hersha 制作蛋炒饭的视频进行了吐槽，随后亚裔博主们纷纷效仿，展开了一场社交媒体吐槽大会。最后，BBC 的一档新闻节目把双方请到演播室里握手言欢，两人还合拍了后续视频。一场关于蛋炒饭的互联网戏剧，折射出饮食文化、东西差异、身份认同建构、社交媒体谜因等多重因素，成为跨文化传播的典型案例。

在这一事件中，"蛋炒饭"究竟有什么特殊性？它为何成为激发东西文化差异争论的导火索？互联网及社交媒体在跨文化传播方面形成了什么新的机制？它们有助于文化间的对话与交流吗？本文从这一案例出发，结合跨文化传播、饮食人类学和互联网文化研究的相关理论，探索上述问题的答案。

一、文献综述

(一)"东与西"：跨文化传播理论

塞缪尔·亨廷顿(Samuel P. Huntington)提出"文明的冲突"理论，认为不同的文明与文化之间必然存在着差异与冲突。全球化浪潮推动了跨文化传播的发展，架构了东西方文化交流的桥梁，但也让东西方文化在连接中产生了碰撞与冲突。在国际秩序中，西方文明被贴上先进与强势的标签，特别是在冷战结束之后，"西方民族扩张、征服、殖民，或决定性地影响所有其他文明"[①]。然而，随着非西方社会，特别是亚洲国家的军事、经济与政治影响

---

① 亨廷顿.文明的冲突与世界秩序的重建[M].周琪，译.北京：新华出版社，1998：5.

力的提高,以及全球化进程的加快,"非西方社会越来越伸张自己的文化价值,并拒绝西方'强加'给它们的文化价值"①。互联网的兴起使不同文明的接触频率大大提升,跨越文化界限的沟通、交流、融合,与文化、文明的冲突同时发生。正如单波所言:"跨文化传播来源于全球化,又接受着全球化的挑战。"②

要理解这一复杂情形,一方面要关注文化的整体性民族基因。单波认为:"文化的最重要、最具有反思意义的特性是,文化具有民族中心主义(ethnocentrism)倾向。"③民族主义与世界主义相反相成,强调"自我意识、边界意识与文化多元"④。在民族主义的视域下,文化传播主体站在自我立场之上,形成了保护与认同的实践。另一方面,也要注重个体性的传播互动。霍华德·贾尔斯(Howard Giles)等人提出的"传播调适理论"(Communication Accommodation Theory,CAT)提醒我们,跨文化的传播互动与个体的言语行动密不可分。⑤整体性民族文化基因和个体性传播互动相结合,使得跨文化传播极为复杂。张宁通过对近代上海跑马的研究,探讨了"在历史的长河中,不同文化之间不断进行的协商,以及在协商下虽不完全背离原意,却又必然会出现的扭曲",并借用布鲁诺·拉图尔的"转译"(translation)一词来

---

① 亨廷顿.文明的冲突与世界秩序的重建[M].周琪,译.北京:新华出版社,1998:6.
② 单波.寻找跨文化传播的可能性[M]//单波.跨文化传播研究(第一辑).北京:中国传媒大学出版社,2020:1-3.
③ 单波.跨文化传播的基本理论命题[J].华中师范大学学报(人文社会科学版),2011(1):103-113.
④ 刘国强,汤志豪.世界精神与民族关怀:全球化时代的跨文化传播伦理构建[J].国际新闻界,2018(12):104-121.
⑤ GILES H, GALLOIS C, OGAY T. Communication accommodation theory: a look back and a look ahead[M]//GUDYKUNST W B. Theorizing about intercultural communication. Thousand Oaks: Sage, 2005:121-148.

指代文化交互过程中的转化、演变、本土化和异化等意义。① 佐塚志保在研究自然知识的转译时认为,一个转译的词汇既能够试图弥合不同认识论体系之间的鸿沟,也能保持原意的张力和不可通约性。② 这里的"转译"不是从字面意义上理解的"翻译",而是在文化交流过程中同时保持着文化沟通性与差异性的"转译"。也就是说,我们在面对一种陌生文化时,不是毫无保留地全盘接受,而是会对它进行演绎与转化,从而建构出一种新的文化,并与前者进行对话和连接。这就是在文化转译过程中实现的文化互构。

当前这种"转译"和"互构"主要通过互联网来进行。在制度、战争、贸易、殖民、宗教等历史图景的滋养下,东西方衍生出了不同的文化特质,这些文化特质借助各种物品、事件、文化符号,在互联网的海洋中产生了丰富多彩的流动、碰撞与交融。"蛋炒饭事件"既反映了东西方社会对于"稻米文化"的差异性理解,也包含着实践过程中的扭曲性转译,以及东西饮食文化的互构。

(二)"作为自我的稻米":饮食人类学

无论在东方还是西方,饮食都是社会文化的重要组成部分,并成为一个民族的象征符号。正如大贯惠美子(Emiko Ohnuki-Tierney)所言:"一个民族的烹调方法,或者一种特别的食物,常常标记着集体与他者之间的边界,例如作为区别他者的依据。"③ 人类学的研究早已关注饮食文化。英国人类学家奥黛丽·理查斯(Audrey I. Richards)就指出:"社会生活和个人利益中

---

① 张宁.异国事物的转译[M].北京:社会科学文献出版社,2020:6.
② SATSUKA S. Nature in translation[M].Durham:Duke University Press,2015:20.
③ 大贯惠美子.作为自我的稻米:日本人穿越时间的身份认同[M].石峰,译.杭州:浙江大学出版社,2015:1.

最重要的动机是食物。"①克劳德·列维-斯特劳斯(Claude Levi-Strauss)、奈吉尔·巴利(Nigel Barley)等人类学家有关人类文化的著述里都或多或少涉及了饮食文化。

饮食人类学成为人类学中一股新鲜的分支。西敏司(Sidney W. Mintz)在《饮食人类学》一书中通过对食物与饮食习性的研究,将过去与现在连接起来,将食物与现代文明的诞生连接起来,将食物与现代生活的形塑连接起来,探讨了"人类进食的方式,以及人类在进食行为及摄取食物里所投注的历史、希望和人力"②。在他看来,食物的选择与饮食习惯在社会中各种权力与影响力介入后发生了改变,战争、种族、宗教、阶级、财富等各种力量在食物中烙下印记,让食物不仅仅是一种果腹之物,更是一种意义媒介。西敏司认为:"食物不只是提供人食用的东西而已;进食总是有约定俗成的意义。这些意义都有象征内涵,并以象征的方式来传达思想;这些意义也都有历史。"③食物打开了一扇窥见人类活动意义的崭新窗口。

对于东亚文明而言,稻米是餐桌上的重要主食,甚至在某种程度上占据了饮食文化的核心。这在日本文化中体现得最为明显。大贯惠美子通过对稻米的研究,讲述了"一个民族怎样以一种主要食物的隐喻来思考自己与他者的关系"④。在这项长时段历史视角的饮食人类学研究项目中,她发掘了稻米的丰富象征意义,包括作为灵魂的稻米、作为神的稻米、作为财富/权力的稻米、作为美学之源的稻米、作为"好生活"象征的稻米等,这共同构成了作为"自我"的稻米,成为日本人建构与其他民族差异的物质性象征。而这

---

① RICHARDS A I. Hunger and work in a savage tribe[M]. London:Routledge, 2004:xxv.
② 西敏司.饮食人类学[M].林为正,译.北京:电子工业出版社,2015:13.
③ 西敏司.饮食人类学[M].林为正,译.北京:电子工业出版社,2015:7.
④ 大贯惠美子.作为自我的稻米:日本人穿越时间的身份认同[M].石峰,译.杭州:浙江大学出版社,2015:3.

种象征与文化意义"主要来源于日常生活中社会群体对稻米的分享及它在话语中的使用"①。

不仅是日本,在整个东亚地区,包括中国、韩国、泰国和其他东南亚国家在内,稻米都是重要的餐桌食物。稻米在东方国家中充满了丰富的隐喻色彩。相比之下,稻米在西方社会的饮食结构中并不是必需品,它具有异域风情,是他者的象征。从人类学角度来看,以稻米为主的蛋炒饭就成为折射东西方差异与交流的奇妙隐喻。

(三)反应视频与"凝视":互联网的目光机制

"蛋炒饭事件"依靠反应视频的传播而逐渐发酵。反应视频(reaction video)是互联网传播机制之下产生的一种短视频类型。这类短视频以手机和电脑摄像头作为常用的拍摄设备,以自拍或偷拍的方式,记录自己或他人在观看某些特定事物(件)时所表现出来的各种情绪和动作反应,一般分为两种类型:一是人们面对某些突发事件、偶然事件或未知事件的反应,例如收到惊喜礼物、被意外求婚或查询考试成绩等;二是人们观看电影、电视节目、音乐录像、广告等精彩片段时的情绪和行为反应,例如粉丝观看偶像表演、影迷观看恐怖电影时的反应。反应视频以捕捉人们激动、兴奋、惊喜、惊吓等较为强烈的情绪与肢体反应为主要目的。

学者们对于反应视频的定义比较趋同,如安德森(Anderson)所言,反应视频就是"人们对事物产生反应的片段",并且具有同质性、间接性、惊喜性和场景生活化等特点,但是其真实性也受到了一定的质疑。② 反应视频的内

---

① 大贯惠美子.作为自我的稻米:日本人穿越时间的身份认同[M].石峰,译.杭州:浙江大学出版社,2015:10.
② ANDERSON S. Watching people watching people watching[EB/OL].(2011-11-25)[2021-02-28]. https://www.nytimes.com/2011/11/27/magazine/reaction-videos.html.

容与形式都相对比较简单,但为何会形成病毒式传播呢?哈德森(Hudson)以美剧《权力的游戏》的反应视频为案例,分析了粉丝热衷于反应视频的三重原因,其中之一是,当拍摄者看到他人作出和自己一样的震惊或痛苦的反应时,会得到心理上的满足。① 换言之,人们通过反应视频来寻找情感上的共鸣和情绪上的宣泄,因此,拥有共同爱好和身份认同的粉丝圈是反应视频的滋生土壤。

于是,参与式文化成为理解反应视频的一个重要理论视角。马格纳西亚(Magnocia)在研究反应视频对于韩国流行音乐的意义时,直接得出结论:"反应视频主要是一种粉丝活动。"② 反应视频成为粉丝们自我建构、获得认同、互动分享的媒介,也成为一种凝结着粉丝劳动的文化产品。沃伦-克劳(Warren-Crow)认为反应视频是基于用户生成内容的数字劳动,其中最主要的生产资料就是声音,特别是女性受到刺激时所发出的尖叫声。③ 巧妙的是,许多电影发行公司顺势将这种带有惊声尖叫的反应视频当作恐怖电影的预告片,居然获得了出人意料的效果。斯旺森(Swanson)据此指出,粉丝生产的反应视频是吸引粉丝参与和推动电影宣传的市场营销工具,而其中,录像技术是完成电影反应视频的重要支持。④

斯旺森还指出了观看技术的重要性,在反应视频中,"凝视"或"观看"是

---

① HUDSON L. What's behind our obsession with game of thrones reaction videos[EB/OL]. (2014-06-05)[2021-02-28]. https://www.wired.com/2014/06/game-of-thrones-reaction-videos/.
② MAGNOCIA J E. OMG! Reaction videos on YouTube: meanings to fandom and to K-Pop community[D]. Seoul: Seoul National University, 2014.
③ CROW W H. Screaming like a girl: viral video and the work of reaction[J]. Feminist media studies, 2016, 16(6): 1113-1117.
④ SWANSON A. Audience reaction movie trailers and the paranormal activity franchise[J]. Transformative works and cultures, 2015, 18: 1-27.

非常重要的元素。凝视不是简单地看,而是"携带着权力运作或者欲望纠结的观看方法"①。凝视包含了基于权力的监视和基于欲望的凝视两个要素,构成了现代性的目光机制。米歇尔·福柯(Michel Foucault)的全景监狱是一种带有权力机制的观看,监看者通过目光来完成对对方的控制与规训。②劳拉·穆尔维(Laura Mulvey)的"凝视"则带有欲望的色彩,特别是男性对于女性身体的欲望凝视。③

在互联网的传播机制中,凝视拥有多重变量关系,重新丈量着观看者的空间、时间、观看行为。这使得反应视频的目光机制变得尤为复杂,大众满怀期待地观看反应视频,而"屏中人"则聚精会神地凝视着他者,从而形成了一个嵌套式的观看链条。这种"看"的背后是否暗藏着更具有隐喻性的目光机制?人们逐渐热衷于将个人隐私暴露于公共领域之中,这又会呈现出怎样的欲望和权力关系?一锅简单的"蛋炒饭"为何会吸引如此多的目光投射?这种目光机制是否会影响东西方的跨文化互动?其中是否蕴含着基于人类饮食文化的冲突与矛盾?

本文以"蛋炒饭事件"作为研究对象,搜集相关的反应视频,在跨文化传播、饮食人类学和互联网文化研究的视角之下,探讨蛋炒饭的文化表征,研究反应视频、互联网的目光机制以及互联网文化实践,从而探讨跨文化的转译与互构。

---

① 陈榕.凝视[M]//赵一凡,张中载,李德恩.西方文论关键词.北京:外语教学与研究出版社,2006:349.
② 福柯.规训与惩罚:监狱的诞生[M].刘北成,杨远婴,译.北京:生活·读书·新知三联书店,1999.
③ MULVEY L. Visual pleasure and narrative cinema[M]//MULVEY L. Visual and other pleasures. New York:Palgrave,1989:14-26.

二、研究对象与研究方案

蛋炒饭是中国的家常食物,以剩米饭与鸡蛋为基本原料,简单省事,不具难度。日本、韩国和东南亚诸国也都有炒饭,根据食材和烹饪方式不同而各具特色,但均属于基础的家常食物,在各方面与中式蛋炒饭是相通的。欧美国家的饮食结构中不以米饭为主食,蛋炒饭往往是中餐馆的代表性食物。

(一)事件综述

BBC 的蛋炒饭烹饪视频一开始并没有引起太大反响。2019 年 4 月 25 日,BBC Food 频道在社交媒体 Facebook 上发布了印度裔美食博主 Hersha Patel 制作蛋炒饭的短视频,时长仅 4 分钟,并附上了食谱链接。不过,这条短视频在当时并未受到过多的关注。

时隔一年多,2020 年 7 月 8 日,居住在英国的马来西亚华裔喜剧演员、短视频博主黄瑾瑜在视频网站 YouTube 上贴出了一个针对 BBC 蛋炒饭的反应视频。他以"罗杰大叔"的身份,用"愤怒"、夸张的语气和表情,吐槽 Hersha Patel 制作蛋炒饭的过程。通过对文本的细致解读,我们发现黄瑾瑜吐槽的点主要有以下 8 个:(1)Hersha Patel 提醒观者"不要害怕"蛋炒饭;(2)用红茶杯加水和量水(而不是用手指测水量);(3)不淘米;(4)使用无明火的电磁炉;(5)米饭煮熟后用筛子滤水,并用清水冲洗米饭;(6)米饭太湿;(7)不放味精;(8)用金属勺子刮不粘锅。他直接指出这就是"老外蛋炒饭"。这个反应视频很快在 YouTube 上疯狂传播,引发了其他亚裔博主的效仿,出现了许多蛋炒饭反应视频(部分视频见表 1)。其他亚裔博主在反应视频中不断重复吐槽的点主要集中在上述 8 点。除此之外,亚裔博主们还增加了更多的槽点:(9)煮米饭时加太多水;(10)用平底汤锅煮饭(而不是电饭煲);(11)用新鲜的米饭而不是剩米饭;(12)没有放盐、胡椒等调味料;(13)姜味太浓等。

表1 BBC"蛋炒饭事件"部分代表性反应视频

视频名称	博主	语言	观看量	点赞量	评论量
Uncle Roger Disgusted by this Egg Fried Rice Video(BBC Food)	黄瑾瑜,居住在英国的马来西亚华裔	英语中字	2186万	81万	5.8万
Rice Queen Reacts to Horrible Fried Rice Video(by BBC Food)	J Lou,来自中国香港的混血儿	英语	103万	3.1万	0.4万
外国人的炒饭教程让人看得怀疑人生(BBC Food)	CantoMando,美国华裔	英语,多语字幕	76万	3.6万	0.4万
We Tried the BBC Food Egg Fried Rice recipe!	Kevin & Carmen,加拿大华裔	英语	34万	0.5万	0.2万
Koreans Disgusted by Watching BBC Egg Fried Rice	Giggle(Yumi & Hyukjun),韩国人	韩语英字	25万	1万	0.2万
Oppar Chef Gets Triggered by Asiaboo Fried Rice Video(BBC Food)—"Let Me Teach You Instead!"	Kinryyy,在俄罗斯读书的中国香港人	英语	15万	1.2万	0.2万
Filipino, Mom Reacts to BBC Food's Worst Egg Fried Rice｜Uncle Roger is Shaking	Casa de Rosa,菲律宾人	菲语英字	1.5万	276	131
Singaporean Reacts to Viral Egg Fried Rice Tutorial Video by BBC Food(Atrocious!)	A Singaporean Life,新加坡人	英语	0.4万	126	36
Reacting to "Egg Fried Rice"(BBC)	Rayliur,美国韩裔	英语	0.8万	197	28
8 Years Old Asian Girl React to Egg Fried Rice Video(BBC Food) then Cook a Perfect Rice by Herself	Ang Sarap Grabe(Shirley),菲律宾人	英语	0.2万	30	关闭

(平台来源:YouTube;获取数据时间:2021年3月17日)

我们可以把亚裔博主们主要吐槽的点分为四个方面:第一,不同的饮食观念与习惯;第二,错误的米饭蒸煮方法;第三,西式的烹饪器具以及不当的使用;第四,东西方差异性的口味。一个 4 分钟的蛋炒饭教学视频居然引发了多方面、多角度的吐槽,吸引了越来越多粉丝的参与。引发关注后,BBC的新闻节目对黄瑾瑜和 Hersha Patel 进行了连线访问,并给黄瑾瑜的反应视频打上了病毒式视频(viral video)的标签,以强调它被模仿的火爆程度。在讨论中,节目嘉宾反复提到了"文化差异"的影响。

不过,"蛋炒饭事件"的发酵仅仅归因于东西方的文化差异吗?从时间线来看,有关蛋炒饭的热议是在黄瑾瑜的反应视频出现以后才出现的,反应视频这一特殊视频形式的介入开启了东西方这场有关蛋炒饭的讨论,而粉丝们在社交媒体中的狂热追捧与参与式互动则起到了推波助澜的作用。

(二)文本细读与文化实践分析

一方面,我们将这些反应视频作为文本细读的对象,分析其中的人物、语言、空间与符号表征。这些蛋炒饭反应视频的文本有一个共性,即博主皆为亚裔或者亚洲人,都是从东方饮食文化的角度去吐槽 Hersha Patel 制作的蛋炒饭。但是这些视频以英语为主,只有少数视频中出现了亚洲语言;拍摄空间具有私密性,大部分都是在家中拍摄的;他们会提及亚洲符号与饮食习惯,但是他们本身可能居住在西方,远离亚洲,甚至已经是二三代移民。从这些文本细读中,我们关注博主与粉丝们对东西方饮食习惯、观念与意识上的冲突的表述,从米饭及蛋炒饭在亚洲饮食中的隐喻与象征中考察参与者的文化身份认同。

另一方面,如果没有社交媒体平台的架构,没有亚裔博主的吐槽反应,没有粉丝的"参与式"创作,这场互联网狂欢就不会发生。换言之,"蛋炒饭事件"是一场互联网逻辑下的文化实践。所以,我们从文本分析走向文化实践分析。其实,文化从来都不仅仅停留在精神与观点层面,而是与实践活动密不可分,正如同鲍曼(Bauman)所言:"文化就是将知识和旨趣融为一体的一种人类实践的方式。"① 关于文化实践的内涵,郝立新等认为:"文化实践是人类改造世界过程中创造文化产品和形成精神成果的对象化活动。"② 他进而提出,文化实践的基本样态包括文化生产、文化交往和文化消费三个方面。

因此,本文将对BBC"蛋炒饭事件"的反应视频进行文化细读与文化实践分析,研究"蛋炒饭"在东西文化冲突中的特殊性,反应视频、社交媒体在跨文化传播方面的新机制,以及博主和粉丝参与其中的文化实践活动。

三、跨越文化界限的蛋炒饭

(一)日常性与仪式感:蛋炒饭的民族隐喻

饮食人类学家西敏司认为:"不同的族群对食物往往有不同的感受,而食物本身也可以代表不同的东西。"③ 那么,蛋炒饭这样不起眼的家常食物是否也能够呈现出不同的民族性呢?它在互联网视频中又是如何被表述的?

首先,我们能够从蛋炒饭里看到气候与地理环境的差异。一方面,所谓"看天吃饭",不同的气候环境造就了不同的饮食传统。欧洲地区以地中海气候、温带海洋性气候为主;北美地区气候多样,但温带大陆性气候占优势。因此欧美地区都不适合种植水稻,而主要种植小麦和玉米。水稻需要热带和亚热带的高温湿润气候,主要种植范围在印度和中国等国家。另一方面,

---

① 鲍曼.作为实践的文化[M].郑莉,译.北京:北京大学出版社,2009:285.
② 郝立新,路向峰.文化实践初探[J].哲学研究,2012(6):116-120.
③ 西敏司.饮食人类学[M].林为正,译.北京:电子工业出版社,2015:5.

地理环境与历史传统共同造就了饮食文明。欧洲地区海域辽阔，诞生了渔猎文明，在历史上欧洲人民以渔猎为生，殖民航海时代的开启与渔猎有着很大的关联；而北美洲地区则是游牧文明，生产大量的牛羊肉。虽然现在我们可以在超市里买到全世界的食物，但是这些千百年传承下来的饮食传统却不容易改变，这使得东西方在饮食观念、烹饪技巧、烹饪器具还有口味等方面都产生了差异。例如，很多西方家庭必备烤箱，但很少有电饭煲，因此BBC的蛋炒饭视频才会建议大家使用平底汤锅蒸煮米饭，进而出现了筛滤米饭、冲洗米饭等令亚洲人"啼笑皆非"的错误。

不仅如此，对于东亚人来说便宜又简单的家常蛋炒饭，在西方话语之下却被贴上了"有难度"的标签——Hersha Patel在蛋炒饭视频开场时就说"不要害怕"。这引发了亚裔博主的第一波吐槽：如此简单的蛋炒饭，怎么会害怕呢？这也折射出东西方对"稻米"的差异性理解。在中国和其他东亚、东南亚国家，稻米是最常见的主食之一，很多中国人在用餐时都必须吃上一口白米饭，"这类主食是膳食的焦点，尽管数量上吃多少并不重要"①，仿佛没有白米饭的餐桌是不完整的。米饭饱足感强，对于草根平民来说，能吃上白米饭是生活富足的体现，正如大贯惠美子所言："稻米象征好生活。"②所谓"粒粒皆辛苦"，这种好生活映射着朴实、勤劳与节俭的劳动人民形象。因此在中国，白米饭是一种大众化、普适性的家常主食。制作白米饭也非常简单，只要一个电饭煲就能够蒸煮出一锅香喷喷的白米饭。蛋炒饭则是对白米饭的"二次创作"。黄瑾瑜和其他博主在反应视频里都提到了亚洲人烹制蛋炒饭时比较粗放随性：煮米饭时用手指测一下水量即可，一般用的都是冷却

---

① 大贯惠美子.作为自我的稻米：日本人穿越时间的身份认同[M].石峰，译.杭州：浙江大学出版社，2015：141.
② 大贯惠美子.作为自我的稻米：日本人穿越时间的身份认同[M].石峰，译.杭州：浙江大学出版社，2015：90.

的剩饭,翻炒过后打入鸡蛋,加入盐、味精等调味料,几分钟之内便可完成,从烹饪的角度来说没有什么技术含量。可见,蛋炒饭对于亚洲人来说是一种日常性、便捷性的"随便吃吃"式的快餐,色香味不算上乘,但不浪费粮食,并且充饥管饱。因此,蛋炒饭是平民阶层的符号,它与精致、高雅、仪式感完全不沾边,即便在亚洲,蛋炒饭也很少出现在高级餐厅的菜单上。

不过,蛋炒饭在西方似乎没有那么平凡。对于西方人来说,蛋炒饭不是快餐,而是具有东方特色的菜肴,因此虽然 Hersha Patel 自称"这是一份简单易做的蛋炒饭食谱",但是其烹饪过程比中式蛋炒饭要复杂和精细得多。例如,她使用了漂亮的不粘锅具,用小木铲翻炒,用小叉子取食;电磁炉灶无火无油烟,整个厨房干净整洁,也没有抽油烟机;做出来的菜品营养搭配均衡,色彩对比鲜艳,除了常见的鸡蛋以外,还加入了各种配菜和辅料……Hersha Patel 按照 BBC 的食谱严格地执行着每一个步骤,以至于很多博主都说:这是按照煮意大利面的方法制作蛋炒饭。这其中多少折射出当代西方文化体系中的仪式性。宗教信仰对整个西方社会与文化的影响颇深,各种宗教仪式的严格执行将"仪式感"浸润到社会的各个方面,饮食习惯也不例外。除了基督徒在用餐之前会有祷告的仪式之外,西方餐桌上还有着细致讲究的用餐礼仪,包括用餐时的服装服饰、座位安排、餐具摆法与使用方法、点餐与上菜顺序、菜肴食用规矩等。一个人在用餐时的表现能够直接反映其受教育程度和阶级身份。与此呼应,食物的材料、制作与摆盘也都有细致的要求。这就让原来平平无奇的蛋炒饭在西方文化的包裹下变成了"让人害怕"和"难做"的菜品。借用张宁的话来说,这或许就是中式蛋炒饭在异国风情中的"转译"[①],从而变成了一种量化与标准化的佳肴。

吊诡的是,Hersha Patel 是在英国成长的印度裔,她在 BBC 的新闻节目

---

① 张宁.异国事物的转译[M].北京:社会科学文献出版社,2020:6.

中解释道,她是完全按照 BBC Food 给的食谱来操作的,她本人其实知道亚洲人传统的煮饭和炒饭方式。为此,她和黄瑾瑜合作录制了一期会面视频,向网友们证明她是会制作传统蛋炒饭的。但有趣的是,她的厨房里并没有电饭煲,她仍然用西式平底汤锅煮饭。在"蛋炒饭事件"中,Hersha Patel 作为亚裔主播,来自曾是英国殖民地的南亚次大陆,因此她既扮演着东西方文化交互的中介,也成为东西方文化碰撞之后共同建构出来的矛盾体。

(二)嵌套式的凝视:反应视频的目光机制

BBC 在 2019 年 4 月发布蛋炒饭制作视频的时候,并未获得太大的影响力,评论者寥寥无几,但是当黄瑾瑜在社交网站上传了反应视频之后,BBC 的蛋炒饭视频很快便受到网友们的关注和热议,关于煮饭和炒饭的吐槽才开始在互联网上流行起来。反应视频成为这场文化碰撞的载体,人们在"看"与"被看"之中进行着文化与思想的交流。

丹尼·卡瓦拉罗(Dani Cavallaro)指出:"当我们凝视某人或某事时,我们并不是简单地'在看'。它同时也是在探查和控制。"[①]我们在反应视频中观测到多重凝视线索,黄瑾瑜等亚裔博主审视着 Hersha Patel,同时通过自拍的形式凝视着自我;粉丝能够在双视窗中同时观看博主和 Hersha Patel 的表演;粉丝的留言和评论也被展示出来,被更多人看到。如果说凝视的意义包含了福柯的权力性监视和穆尔维的欲望式窥视,那么反应视频的这种嵌套式的凝视又蕴含着怎样的意义呢?

亚裔博主在观看 Hersha Patel 的表演时紧紧盯着她的一举一动,但他们不是在欣赏,而是将目光聚焦于她的失误,每当 Hersha Patel 操作不当的

---

① 卡瓦拉罗.文化理论关键词[M].张卫东,张生,赵顺宏,译.南京:江苏人民出版社,2006:127.

时候,他们的凝视就会演变成情绪和表情的激烈反应,然后加以吐槽。例如,当 Hersha Patel 用水冲洗已经蒸煮过的米饭时,几乎每个亚裔博主都"沸腾"了,黄瑾瑜扶额惊呼道:"她在干啥?!她在干啥?!我的天!你要气死我啦,小姐!"J Lou 难以置信地睁大双眼,倒吸一口冷气:"她在想什么?我很困惑!"Yumi 和 Hyukjun 大吃一惊:"如果我这么做的话,我妈一定会大声吼我。"在蛋炒饭的反应视频中,这种吐槽此起彼伏。"吐槽"是网络流行语,含义较为宽泛,"包括各种八卦、调侃、戏谑或谩骂等,甚至网络上对某些社会现象或媒介现象进行的评价都被视为吐槽"①。亚裔博主们一边看着 Hersha Patel 炒饭,一边吐槽,目光中带有非常明显的审视、判断、监察的意味。例如当 Hersha Patel 说:"米饭看起来很不错。"黄瑾瑜马上反驳道:"米饭湿答答的,看来一点也不好,你在欺骗观众。"这是作为观看者代表的发言,同时也在召唤其他观看者一起吐槽。为了强调 Hersha Patel 的错误,博主们常用暂停、回放、慢放等方式,将审视的权力凝结在视频播放的各种形式上。蛋炒饭作为东方食物,亚裔博主对其似乎更有发言权,他们带着民族优越感,主宰着对西式蛋炒饭的吐槽与调侃。

反应视频一般为自拍,这意味着博主们在录制反应视频的时候,不仅凝视着 Hersha Patel,也通过摄像头凝视着自我。这得益于无处不在的摄像头,以及随时可用的记录设备,让每个人都成为视觉权力的主宰。录制场景也变得更加生活化,卧室、厨房、化妆间等都能成为录制空间。博主们的表情、神态、语气、动作是在机器的"凝视"之下展开的,因此,这种表演倾向于夸张与戏剧化,正如安德森提出的,反应视频的真实性受到一定的质疑。②

---

① 刘晓伟.狂欢理论视阈下的微博狂欢研究:以新浪微博"春晚吐槽"现象为例[J].新闻大学,2014(5):102-109.
② ANDERSON S. Watching people watching people watching [EB/OL]. (2011-11-25) [2021-02-28]. https://www.nytimes.com/2011/11/27/magazine/reaction-videos.html.

例如，黄瑾瑜没有用本名示人，而是用艺名"Uncle Roger"来进行表演；他在表达观点时不说"我"，而是以"Uncle Roger"作为主语；他常常发出高频的惊呼声，吸引观看者的注意，试图引起共鸣；他的吐槽过于密集，偶有哗众取宠之感。而他在 BBC 新闻节目中接受采访时，却表现得温和、有礼貌、英语流利，与他在吐槽视频中塑造的形象截然不同。因此，黄瑾瑜在反应视频中所表现出来的是一种在机器注视下异于平常的"自我展演"。为了强调这些反应式表演，博主们在自拍时一般采用近景和中近景，将反应的神情和语气放大和凸显出来，从而产生更加富有戏剧性的表演视频。

粉丝看到的则是双视窗画面，一个是原视频，即 Hersha Patel 制作蛋炒饭；另一个是博主的反应，即黄瑾瑜、J Lou 等人的反应表演。因此，反应视频将两个不同的时空并列起来，同时呈现给观看者；而观看者的目光则在这两个时空中跳跃着，既在屏幕背后窥视着两者的表演，也在寻找着两者的关联。一方面，博主们使用暂停、慢放、回放等方式，以及夸张的反应，给粉丝们提供了观看的重点；粉丝们则在博主的"反应"的引导下进行观看和吐槽。这也是粉丝追捧反应视频的原因之一：寻找情绪上的共鸣，可以让我们"与亿万人分享同样的经历""我们一同尖叫"[①]。另一方面，粉丝的观看带有窥视的意味，他们躲在屏幕后面，利用数字身份行走于互联网空间中，仿佛戴上了各色面具。例如，YouTube 上的网络视频提供了浏览量数据，但不会显示到底是谁在观看，这使得观看者可以在互联网空间中隐藏自己。在这层屏障之下，观看者可以毫无顾忌地窥视着，并对视频评头论足，通过评论留言、弹幕的方式表达出来，从而形成了互联网机制下的文化实践。

---

① HUDSON L. What's behind our obsession with game of thrones reaction videos[EB/OL].（2014-06-05）[2021-02-28]. https://www.wired.com/2014/06/game-of-thrones-reaction-videos/.

不过,无论是黄瑾瑜等知名博主,还是躲在网络昵称后面的粉丝,他们的观看与浏览都在互联网上留下了痕迹,从而成为网络营销的数据。博主们自愿将自己暴露出来,迎合大众的监视,互联网成了主动展示自我与互相监看的大型真人秀现场。

(三)参与式狂欢:互联网文化实践

当黄瑾瑜的反应视频将众人的目光引向蛋炒饭时,观看者不再仅是观看而已,而是在社交媒体上进行评论、转发、点赞、吐槽,甚至录制自己的反应视频,让原本静止的凝视,变成了一场互联网传播机制下的文化实践活动。

互联网发展至今,已经由最初的门户网站时代进化到了社交媒体时代,YouTube 也从一个视频网站升级成社交媒体与共享平台。它的页面设计更多的是为了促进和方便网友的交往互动。我们打开 YouTube 网页版,观看黄瑾瑜的蛋炒饭反应视频时会发现:视频窗口只占了屏幕的一半左右,给其他板块留了很大的空间;视频右边是相关链接板块,方便网友观看其他反应视频或与之相关的视频;视频下方是标题、日期以及各种数据,包括观看量、点赞(量)、点踩(量)、分享、保存、举报等按键;当我们拖动网页滚动条往下看时,可以看到博主的个人信息;再往下看,就是视频留言区,我们不仅可以给博主本人留言评论,还可以点赞、点踩和回复他人的评论,例如,粉丝 Justin Y.的留言就获得了 4.6 万个赞和 397 条回复(获取数据日期:2021 年 3 月 19 日)。从中我们不难看出,YouTube 提供给网友的不仅是视频本身,而且是互动交流的平台,鼓励网友参与讨论,从而建立粉丝圈层与群体认同,正如同网友 Justin Y.的留言:"想想看,你(Hersha Patel)把蛋炒饭搞得一团糟,凭一己之力就把亚洲人都团结起来反对你。"

蛋炒饭将散落在互联网大洪流中的亚裔聚集起来,建构了区别于他者的"自我",成为"自我与他者的区隔与表征"①。亚裔群体为了"捍卫"带有民族标签的稻米和蛋炒饭的正宗性,在互联网上开展了一系列的文化实践活动,一方面是创作与生产,即像黄瑾瑜等博主一样录制自己的反应视频,成为詹金斯所说的"文本盗猎者",创造出"参与式文化"②;另一方面是在社交平台上点赞、留言、评论等,体现出"反应视频主要是一种粉丝活动"③。另外,CantoMando、Kevin等博主为了证明BBC蛋炒饭的荒谬,以身试法,按照BBC菜谱烹制蛋炒饭;J Lou甚至端着一碗蛋炒饭边吃边吐槽,时不时向粉丝展示"正宗"的蛋炒饭。正是在亚裔博主与粉丝的各种网络实践的刺激下,蛋炒饭才成为一个凝结着亚洲饮食文化,并区别于西方世界的隐喻符号;亚裔与亚洲人建构了认同性的"自我"。

但是,这种区别于他者的"自我"是复杂的,表面上看,黄瑾瑜、J Lou、Kevin & Carmen、Kinryyy等亚裔博主的表演呈现出来的是东方人的形象,但其实他们塑造的形象中充满了西方人对东方人的想象,是在西方人的眼光之下的表演。这是因为,长久以来西方人对东方人产生了一定的刻板印象,在互联网的凝视与互动中,这些亚裔博主潜移默化地按照这种模板进行展演和表现,从而形成了"自我东方化"。例如,黄瑾瑜扮演的"罗杰大叔"是一个迎合了西方人目光的形象,他在表演时特意加入了口音,试图向西方人证明自己的非西方身份。他对味精的强调也体现了西方对东方的刻板印

---

① 大贯惠美子.作为自我的稻米:日本人穿越时间的身份认同[M].石峰,译.杭州:浙江大学出版社,2015:1.
② 詹金斯.文本盗猎者:电视粉丝与参与式文化[M].郑熙青,译.北京:北京大学出版社,2016.
③ MAGNOCIA J E. OMG! Reaction videos on YouTube: meanings to fandom and to K-Pop community[D].Seoul:Seoul National University,2014.

象。味精产自日本,并且在东亚、东南亚地区十分流行,但西方世界一直对味精存有一定的偏见,因此味精成了东方标志性的调味料,而黄瑾瑜在表演中特别强调了味精对于亚洲食物的重要性。不仅如此,J Lou、Kevin & Carmen 等多位博主都提到了调味料的重要性。他们展演的不是自我,而是西方人眼中的东方人,形塑着一个个带有西方印记的东方人物形象;这些形象进入西方视野之中,又重新建构了西方对于东方的想象。这就是文化交流中的互构。

这种互构基于东西方文化之间的通融与转译,而社交媒体则成为跨文化交流中的推动力。第一,社交媒体中的反应视频起到了知识传播的作用,BBC Food 作为英国官方美食媒体,对于东方美食似乎不甚了解,所以才发布了备受争议的蛋炒饭视频及食谱。而亚裔博主的反应视频展示了什么才是"正宗"的蛋炒饭,从而转正了西方世界对于东方饮食文化的扭曲和误解,这对于东方饮食文化来说是一次"东物西传"。第二,亚裔博主的反应视频汇聚的不仅仅是亚裔群体,也吸引了西方世界的围观,从而加深了跨文化的交流。YouTube 本身就是一个具有西方特质的社交媒体,其常用语为英语。从表1中我们可以看到,虽然大部分反应视频是由亚裔博主录制上传的,但他们却主要使用了英语;即便使用母语,也会加上英语字幕。因此,这些反应视频的受众对象其实不是亚洲母语族群,而是英语世界的人。第三,虽然饮食人类学中强调了饮食的民族特点,但西敏司在研究美国饮食文化时认为:"一种菜肴如果没有某个族群的人煮它、吃它、对它有意见、在这些意见上交换看法等,那它怎么可能延续得下去。"①没有哪一道食物是一成不变的,在特殊情境下食物会发生适应性改变,相应的饮食文化和观念也会产生"转译"性的变化。当 Hersha Patel 按照煮意大利面的方法冲洗米饭时,这

---

① 西敏司.饮食人类学[M].林为正,译.北京:电子工业出版社,2015:103.

或许就是亚洲食物适应西方世界的过程,以此满足西方世界对于东方食物的诉求。所以,西敏司才会说:"饮食不只是生理活动,也是活跃的文化活动。"①

结　语

BBC Food 上传 Hersha Patel 制作蛋炒饭的视频时,或许从未想过会引发一场社交媒体吐槽大会。在跨文化传播与饮食人类学的视域下,饮食文化闪烁着民族的印记,而一碗简单的蛋炒饭也折射出东西方的文化差异。Hersha Patel 制作的蛋炒饭具有鲜明的仪式性,虽然这个视频的标签是"easiest ever",但烹饪步骤烦琐、程序严格,以至于有网友留言说"这是见过的最复杂的蛋炒饭"。这种仪式性来源于西方社会的仪式文化,西方宗教仪式与用餐礼仪都对其饮食文化产生了重要的影响。而蛋炒饭在亚洲则是最普通的家常食物,由剩饭与鸡蛋翻炒而成,简单快捷又能果腹充饥。在这样的文化差异之下,Hersha Patel 制作的蛋炒饭引起了亚裔博主们的疯狂吐槽,并引发了亚裔粉丝的强烈共鸣。

反应视频将蛋炒饭的隐喻扩散开来,在多重凝视关系中拼接出文化之间的博弈。亚裔博主对于西式蛋炒饭是带有审视权力的凝视,反映出东方文化在此刻的主体性地位。粉丝们在博主的引导之下,将目光投射于西式蛋炒饭的荒谬可笑,这种目光因躲在屏幕后面而有了窥视的意味。他们通过点赞、评论与留言等形式,将所看与所想表达出来,实现了从凝视到实践的过程。而这些互联网的行动痕迹也在被他者监看着。

从总体上看,社交媒体既放大并投射了蛋炒饭的文化隐喻,也促进了网

---

① 西敏司.饮食人类学[M].林为正,译.北京:电子工业出版社,2015:45.

络互动与实践,凸显了一系列的参与式文化,让网络吐槽变成了充满文化差异与戏剧张力的跨文化事件。在这其中,亚裔群体凝聚起来,建构了民族认同,凸显了区别于西方的东方饮食文化。通过这场互联网吐槽与文化实践,平淡无奇的蛋炒饭变成了热议网红食物,在西方世界里大放异彩、备受瞩目。亚裔博主们传授了正宗蛋炒饭的制作方法,但更重要的是传播了东方的饮食文化与民族特质。过去"西物"频繁"东渐",现在"东物"也开始"西传",东西方文化在交流传播过程中进行着"转译"与"互构",富饶的东方文化正在牵引着全球互动与交流,正如单波所言:"体验中国、看见中国、听见中国等交流实践表明,渴望自由交流的人类依然可以由此发展相互理解的能力。"[①]借助互联网进行跨越文化的传播,其要旨也正在于此吧。

(编辑:肖珺)

[①] 单波,周夏宇.他者的分享与分享的他者:Quora社区中国知识分享的跨文化分析[J].新闻大学,2020(12):1-18,118.

图书在版编目(CIP)数据

跨文化传播研究. 第三辑/单波主编. --北京：中国传媒大学出版社，2021.6
（传媒集刊）
ISBN 978-7-5657-2973-7

Ⅰ.①跨… Ⅱ.①单… Ⅲ.①文化传播—研究 Ⅳ.①G0

中国版本图书馆 CIP 数据核字（2021）第 124757 号

跨文化传播研究（第三辑）

KUAWENHUA CHUANBO YANJIU(DI-SAN JI)

主　　编	单　波
策划编辑	王雁来
责任编辑	王雁来
装帧设计	拓美设计
责任印制	李志鹏

出版发行	中国传媒大学 出版社		
社　　址	北京市朝阳区定福庄东街 1 号	邮　　编	100024
电　　话	86-10-65450528　65450532	传　　真	65779405
网　　址	http://cucp.cuc.edu.cn		
经　　销	全国新华书店		
印　　刷	唐山玺诚印务有限公司		
开　　本	787mm×1092mm　1/16		
印　　张	12.25		
字　　数	157 千字		
版　　次	2021 年 7 月第 1 版		
印　　次	2021 年 7 月第 1 次印刷		
书　　号	ISBN 978-7-5657-2973-7/G·2973	定　价	68.00 元

本社法律顾问：北京李伟斌律师事务所　郭建平
版权所有　翻印必究　印装错误　负责调换